初級者からの
ニュース・リスニング

CNN
Student News ▶

2020［夏秋］

朝日出版社

JN002902

CONTENTS

News 01 IT/SCIENCE

News 02 WORLD

News 03 WORLD

News 04 BUSINESS

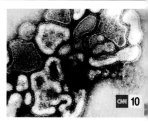

はじめに

　本書は、世界最大のニュース専門テレビ局である**CNNの人気番組「CNN10」**から、1本2分前後の**ニュース12本を選りすぐって収録**したものです。

　「CNN10」は、日本の英語教育関係者の間では、「CNN Student News」という以前の番組名で広く知られています。その旧名からも想像できるように、主にアメリカの高校生向けに制作されている10分間の番組で、世界のいろいろな出来事が、とても分かりやすく説明されています。興味深く、しかも簡潔にまとまっているそれらのニュースは、**日本の英語学習者にとっても最適のリスニング素材**と考えられているのです。

　付属のCDには、CNNの放送そのものである「natural」音声に加え、ナレーターが聞きやすく読み直した「slow」音声が収録されています。ですから、初級者でも安心してリスニング練習ができます。

　また、CDと同一内容のMP3音声や、紙版と同一内容の電子書籍（PDF版）を無料でダウンロードできるサービスも付いていますので、スマートフォンなどに入れておけば学習がとてもしやすくなるでしょう。取り上げた**ニュースの動画がご覧になれる**のも、本書の大きな特長です。

　今回は新型コロナウイルス関連のニュースが多くなっています。英語で世界の動きを体感しながら、ぜひ学習に役立ててください。

2020年7月
『CNN English Express』編集部

本書の構成と使い方

本書では各ニュースが 3 見開き（6 ページ）に掲載されており、以下のように構成されています。

最初の見開き

番組のアンカー（司会者）
Carl Azuz（カール・アズーズ）。
ユーモアあふれる語り口が人気。

アクセント
「natural」音声の
CNN のアクセント
を示しています。

ニュースの背景
ニュースの背景や
基礎知識について
解説しています。

News 06

The U.S. Presidential Election
コロナショック下のアメリカ大統領選挙

かつて経験したことのない選挙戦

AZUZ: I'm Carl Azuz, and I work at the CNN Center in more normal times. / But everyone's having to make adjustments in this era of coronavirus, and that includes U.S. politicians.

As one political organizer put it, no one's ever run a campaign completely online before. / The big town hall events, the speeches in front of cheering crowds, these have been put on hold to keep people from gathering in large groups. / So this is turning into a very different looking election year than America has ever seen.

presidential election: 大統領選挙	**include:** ～を含む	**run a campaign:** 選挙運動を行う
normal times: 通常時	**politician:** 政治家	**online:** オンラインで
make an adjustment: 調整する	**political:** 政治に関する	**town hall event:** タウンホール・イベント ▶政治家が市民と対話する催し。
era: 時期、時代	**organizer:** 組織者、まとめ役	
	put it: 言う、表現する	

4月8日に民主党の有力候補のひとりと されてきたバーニー・サンダース氏が選挙 戦からの撤退を表明したことで、2020年 11月の米大統領選挙本選は事実上、「ト ランプ対バイデン」の一騎打ちとなるこ とが決まった。バイデン氏が6月23日に オンライン上で残った選挙資金委員会に、 オバマ前大統領が参加。一方でトランプ 大統領はコロナ禍の中、6月2日にオク ラホマ州で約3カ月ぶりとなる選挙集会 を強行し、波紋を広げている。

CNN10・April 10, 2020

AZUZ 1 アメリカの英語

アズーズ カール・アズーズです。もっと平時にはCNNセンターで働いていま す。/ しかし、このコロナウイルスの時期には誰もが調整しなければなりませ んし、それにはアメリカの政治家たちも含まれます。/

ある政治組織者によれば、これまで選挙運動を完全にオンラインだけで行っ た人物はいないそうです。/ 大規模なタウンホールのイベントや、声援を送る 群衆を前にしたスピーチ、これらは人々が大きな集団で集まるのを防ぐために 保留にされました。/ ですから、今回はアメリカが経験してきたどの選挙の年 とも大きく異なる様相に変わりつつあります。

cheering crowd: 声援を送る群衆	**理解のポイント**
(be) put on hold: 保留にされる	①のtheseは、直前の2つの名詞句The big
keep someone from: (人)に～させないようにする	town hall events と the speeches in front of
gather: 寄り集まる、集合する	cheering crowds を指している。
turn into: ～に変化する	

ニュースのトランスクリプト
CNN10 ニュースのトランスクリ
プト（音声を文字化したもの）。

語注

理解のポイント
分かりにくい部分の文
法的な解説などの情報
が記載されています。

42 The U.S. Presidential Election

コロナショック下のアメリカ大統領選挙 43

中間 / 最後の見開き

音声のトラック番号
2種類の音声が用意されています。「natural」はCNNの放送そのままの音声、「slow」は学習用にプロのナレーターが読み直したものです。

文の区切りを分かりやすくするため、／（スラッシュ）を入れてあります。

「トランプ対バイデン」の戦いに　natural 33 / slow 36　　WORLD 🌐

The once numerous field of presidential candidates has been whittled down. / Former Massachusetts Governor Bill Weld ended his Republican campaign on March 18th. / A day later, U.S. Representative Tulsi Gabbard from Hawaii ended her Democratic campaign, and just this week, U.S. Senator Bernie Sanders from Vermont ended his Democratic campaign. /

So all this means that former Vice-President Joe Biden, a Democrat, and incumbent President Donald Trump, a Republican, are set to be the final candidates for America's major political parties. / They'll be on the presidential ballot this November.

一時期は多岐の分野にわたった大統領候補は絞り込まれました。／ 元マサチューセッツ州知事のビル・ウェルドは、3月18日に共和党の選挙戦から撤退しました。／ 翌日には、ハワイ州選出の米下院議員トゥルシー・ギャバードが民主党の選挙戦から撤退し、そしてまさに今週、バーモント州選出の米上院議員バーニー・サンダースも民主党の選挙戦から撤退しました。／

これら全てが意味するのは、民主党の元副大統領ジョー・バイデンと、共和党の現職大統領ドナルド・トランプが、アメリカの主要政党の最終候補になることが決まったということです。／ 彼らは今年11月に投票用紙に名前を記載されることになります。

News 06

WHEN THE CAMPAIGN ENDS, THE STRUGGLE FOR JUSTICE CONTINUED ON

4月8日に民主党の選挙戦からの撤退を表明したサンダース氏と、3月19日に撤退を表明したギャバード氏。

Text to 48729

一時は多くの民主党候補者が乱立していた。

☑ ニュースのポイント
● 2020年アメリカ大統領選挙は「トランプ対バイデン」の対決に。
● 新型コロナウイルスの影響で、従来の選挙戦とは異なる戦いになる。

📖 理解のポイント
① は直前の動詞 means の目的語となる名詞節を導いている。

once: 以前、あるとき	whittle down:	senator: (米) 上院議員	final: 最終の、最終的な
numerous:	〜を減らす、そぎ落とす	former vice-president:	major: 主要な
多数の、非常に多くの	governor: (アメリカの) 州知事	元副大統領	political party: 政党
field: 分野、領域	Republican: 共和党の	incumbent: 現職の	ballot: 投票用紙、候補者名簿
presidential candidate:	representative: (米) 下院議員	(be) set to:	
大統領候補	Democratic: 民主党の	〜することに決まっている	

44 | The U.S. Presidential Election　　　　コロナショック下のアメリカ大統領選挙 | 45

ニュース番組の映像とそれに付随する情報を掲載しています。

Let's try to answer!
最後の見開きには、ニュースに関連した質問が入っています（サンプル回答は88〜99ページに掲載）。

ニュースのポイント
中間の見開きには、内容をざっくりつかむために、ニュースのポイントが入っています。

オンラインサービスについて（購入者特典）

下記のURLから（検索せずに、アドレスバーにURLを直接入力してください）、またはQRコードを読み取って、オンラインサービスの登録を行ってください。

https://www.asahipress.com/cnn10/naf20pe/

ニュース動画

本書で取り上げたトピックのニュースの動画を、無料で視聴（ストリーミング形式）することができます。学習にお役立てください。

ここが便利！

▶ 取り上げたニュースの完全動画を視聴できる。（書籍は各2分前後に編集）

▶ 字幕（英語・日本語・なし）を選べる。

電子書籍版（PDF）

スマートフォンやタブレット、パソコンなどで本書の電子書籍版（PDF）をダウンロードすることができます（音声データは含まれません）。

ここが便利！ ▶ スマートフォンやタブレットなどに入れておけば、外出時に本を持ち歩かなくても内容を文字で確認することができる。

※ QRコードは（株）デンソーウェーブの登録商標です。

音声（スマートフォンをお使いの場合）

音声再生アプリ「リスニング・トレーナー（リストレ）」を使って、付属 CD と同一内容の音声を
スマートフォンやタブレットにダウンロードすることができます。

1 App Store または Google Play
ストアでアプリをダウンロードする。

2 アプリを開き、「コンテンツを追加」
をタップする。

3 カメラへのアクセスを許可する。

4 スマートフォンのカメラでこの QR
コードを読み込む。

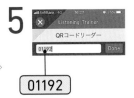

5 読み取れない場合は、画面上部の空
欄に 01192 を入力して Done を押す。

6 My Audio の中に表示された本書
を選ぶ。

7 目次画面の右上の「Play All」を
押すと、最初から再生される。

8 特定の音声を再生したい場合に
は、聞きたいものをタップする。

9 音声が再生される。

音声（パソコンをお使いの場合）

以下の URL から音声をダウンロードできます。

https://audiobook.jp/exchange/asahipress

音声ダウンロード用の
シリアルコード番号　**01192**

※ audiobbok.jp への会員登録（無料）が必要です。
すでにアカウントをお持ちの方はログインして下さい。

効果的な学習法

「CNN10」は、主にアメリカの高校生向けのニュース番組です。とはいっても、ネイティブスピーカーを対象に制作されているため、話される英語のスピードは一般のニュース番組とあまり変わりません。英語の速さに慣れ、内容を理解するためには、以下の手順でトレーニングを行えば、より高い効果が期待できます。

Step 1

「ニュースの背景」に目を通して、英文（トランスクリプト）を見ずにナチュラル音声 ⌒^{natural} で聞いてみる。

まずは細かい部分は気にせずに、全体的な内容をつかむ意識で、ひとつのニュースを通して聞いてみましょう。

Step 2

英文を見ながらもう一度音声 ⌒^{natural} を聞き、聞き取れなかった箇所の音と文字を確認する。その上で、⌒^{slow} の音声に合わせて自分でも音読してみる。

ネイティブの音声に合わせた音読は、発音の向上はもとより、読み飛ばしなどを防ぎ、正確なリーディング力の向上にも役立ちます。

Step 3

日本語訳を見て、自分の理解と照らし合わせる。

日本語訳・語注を参考にしながら、ニュースで話されている内容への理解を深めましょう。

Step 4

英文を見ずに ⌒^{slow} のシャドーイングを行う。慣れたらナチュラル音声 ⌒^{natural} にも挑戦する。

シャドーイングは、文字を見ずに、聞こえてきた音声をまねて自分でも言ってみるものです。リスニングとスピーキングの両方の力がつきます。

Step 5

「Let's try to answer!」を読み、自分なりの回答を考えてみる。

質問に対する答えをまず英作文して書き出し、次に声に出して言ってみましょう。ライティングとスピーキングの力がつきます。

CNN
Student
News

初級者からの
ニュース・リスニング

CARL AZUZ
@CARLAZUZCNN

The Race to Develop a Coronavirus Vaccine

新型コロナウイルスのワクチン開発

世界的に急務のワクチン開発

CNN REPORTER: As the novel coronavirus continues to spread around the globe, scientists in Germany, like countless others around the world, are in a race against time, trying to develop a vaccine as fast as possible for an illness, the scientific world has a lot to learn about. /

The pressure couldn't be higher, with the number of novel coronavirus cases jumping every day, and the global economy taking a beating from the coronavirus' effect. / President Trump, at a meeting with drug makers, urged the industry to come up with a vaccine ASAP.

---

race: 競争、戦い
develop: ～を開発する
coronavirus: コロナウイルス
vaccine: ワクチン
spread: 広がる；まん延
around the globe: 世界中に

countless: 数え切れないほどの
illness: 病気
a scientific world: 科学界
have a lot to learn about: ～について学ぶべきことがたくさんある

pressure: 圧力、重圧
novel: 新型の
case: 症例
jump: 急増する
global economy: 世界経済
take a beating: 大損害を被る

世界各国で新型コロナウイルスの影響による社会生活や経済への深刻なダメージが報告される中、今やワクチンの開発が急務となっている。ワクチン開発には通常さまざまなプロセスを経て、10年から20年かかると言われているが、今回は1年以内にワクチンを開発しようと世界中の科学者たちが急ピッチで進めている。日本でも、大阪の製薬ベンチャー「アンジェス」などが開発を進めるワクチンの治験が、6月30日に始まった。

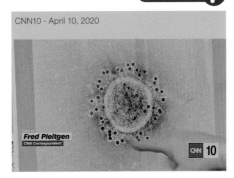

CNN10 - April 10, 2020

Fred Pleitgen
CNN Correspondent

CNN 10

CNN REPORTER | アメリカ英語

CNN記者 新型コロナウイルスが世界中に広がり続ける中、ドイツの科学者たちは、世界中の数え切れないほど多くの他の科学者と同様、時間と闘っています。科学界がまだ学ぶべきことが多い病気のため、できる限り早くワクチンを開発しようとしながら。/

　日々、新型コロナウイルスの症例数が急増し、世界経済がコロナウイルスの影響で大打撃を受ける中、そのプレッシャーはこれ以上ないほど高まっています。/ トランプ大統領は製薬会社との会合で、一刻も早くワクチンを開発するよう業界に要請しました。

---

effect: 影響
drug maker: 製薬会社
urge: （人に〜するよう強く）要請する
industry: 産業界
come up with: 〜を見つけ出す、考え出す
ASAP: 可能な限り早く（=as soon as possible）

📖 **理解のポイント**

①は分詞構文で、and are trying to...と言い換えられる。
②の比較級の否定は「これ以上（圧力が）高くなりようがない」ことを示し、意味上は最上級と相違ない。
③では〈with＋名詞＋状況を表す語句〉で「〜したままで」という意味の付帯状況を表している。さらにandによって、〈名詞＋状況を表す語句〉の形が2つ並列されている。

王冠に似ていることから「コロナ」と命名

DR. ANTHONY FAUCI (DIRECTOR OF NIAID, NATIONAL INSTITUTE OF HEALTH) : The best way to prevent the spread of a viral infection is to have a vaccine ④that builds up the immunity in someone so that they're protected from the spread of infection.

DR. BARNEY GRAHAM (DEPUTY DIRECTOR, NIH'S VACCINE RESEARCH CENTER) : Coronaviruses are named because they resemble a crown with spikes on the surface. /

This is the spike protein from the surface of the coronavirus, ⑤and it sits on the virus like this, ⑥and it allows the virus to attach to and enter cells.

ファウチ博士は、コロナウイルスは昔から人間に感染症を引き起こしてきたが、今回は全く未知のウイルスだと言う。

institute: 協会、機関	**protect:** 〜を保護する	**surface:** 表面
prevent: 〜を防ぐ、阻止する	**name:** 〜に名前をつける	**protein:** タンパク質
viral infection: ウイルス感染	**resemble:** 〜に似ている	**sit on:** 〜に乗る
build up immunity:	**crown:** 王冠	**allow...to:**
免疫（力）を高める	**spike:** 先の鋭く尖ったもの	…に〜することを許す

アンソニー・ファウチ博士 (アメリカ国立アレルギー感染症研究所所長)　ウイルス感染を防ぐ最善の方法は、人々の免疫を高めるワクチンを開発し、彼らを感染症の拡大から守ることです。

バーニー・グラハム博士 (アメリカ国立衛生研究所副所長)　コロナウイルスと名づけられたのは、ウイルスの表面にスパイク状のものがあり、王冠に似ているからです。/

　これがコロナウイルスの表面にあるスパイク状のタンパク質で、このようにウイルスに乗っかって、ウイルスが細胞に付着して侵入することを可能にします。

ウイルスの突起によって細胞への侵入が可能に。

attach: 付着する
enter: 〜に入る、入り込む
cell: 細胞

ニュースのポイント
● 新型コロナウイルスとの闘いにはワクチンが必須だ。
● ワクチン開発が世界共通の課題となっており、通常は数年かかるところを1年で開発しようとしている。

☞ **理解のポイント**
④は主格の関係代名詞thatに導かれる節で、後ろからa vaccineを修飾している。
⑤と⑥のandはそれぞれ文同士を並列につなげている。

国やNGO、企業が奔走

CNN REPORTER: Getting that done within a year is almost unheard of as far as the certification of drugs is concerned. / But the folks at the company tell us that they've almost never seen this amount of international urgency ⑦ on the part of governments, on the part of NGOs, and also, of course, on the part of drug companies and labs, to try and get a vaccine on the market as fast as possible, and as safe as possible.

世界経済が打撃を受ける中、トランプ大統領は新型コロナウイルスのワクチン開発を早めるよう製薬業界に強く要請。

get...done: …をやり終える	**folks:** 人々	**on the part of:**
(be) unheard of: 前例のない	**amount of:** ～の量	～の側の、（人）の方では
as far as...is concerned:	**international:** 国際的な	**government:** 政府、行政
～に関する限り	**urgency:** 緊急（性）	**NGO:** 非政府組織（=non-
certification: 認可		governmental organization)

CNN記者 それを1年以内にやるというのは、薬の認可に関する限り、ほとんど前例がありません。/ しかし、製薬会社の人々が私たちに語ったところによると、全世界でのこれほどの緊急性は経験したことがないといいます。政府においても、NGOにおいても、そしてもちろん製薬会社や研究所においても、ワクチンをできるだけ早く、できるだけ安全に市場に出そうと。

世界中の科学者たちが開発を急いでいる。

lab: 研究所（=laboratory）
get...on the market: …を市場に出す
as...as possible: できるだけ…

📐 **Let's try to answer!**

How do you feel about the new coronavirus?

👉 **理解のポイント**
⑦では on the part of の形が繰り返され、governments、NGOs、drug companies and labs が並列されている。to以下は不定詞の形容詞的用法で後ろから international urgency を修飾している。

Companies Rally to Meet the Demand for Masks

世界中でマスクの製造が過熱

マスク不足に大小の企業が奔走

natural **8** / slow **11**

CNN REPORTER: It is the fashion accessory that could save lives. / All around the world, masks are becoming mandatory attire for health workers in the time of COVID-19, / and with economies halted and manufacturers otherwise shuttered, companies large and small are kicking into overdrive, answering the call, trying to meet the incredible demand for more masks.

---

rally: 結集する
meet:（要求などを）満たす
demand: 要求、需要（量）
fashion accessory:
ファッションアイテム
save lives: 人命を救う

all around the world:
世界中で
mandatory: 必須の、義務的な
attire: 装い、衣装
health worker: 医療従事者

COVID-19:
新型コロナウイルス感染症
economy: 経済
halt: 〜を停止させる
manufacturer: 製造業者

WHO（世界保健機関）は当初一貫して、マスクは健康な人がつけても感染を予防できる根拠はなく、病人やその世話をする人だけが着用すべきだとしてきた。しかし、6月5日に従来の指針を大幅に修正し、一般市民にも公共の場でのマスク着用を推奨すると発表。マスク着用に否定的だったトランプ政権も、感染者が急増する中、アメリカ国民にマスクの着用を勧める方針を示したものの、市民の間では賛否が分かれている。

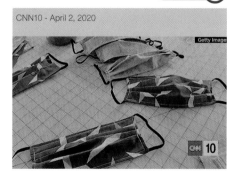

CNN10 - April 2, 2020

Getty Image

CNN REPORTER | イギリス英語

CNN記者 それは命を救ってくれるかもしれないファッションアイテムです。/ COVID-19のさなか、世界中でマスクは医療従事者にとって必須の装いとなりつつあります。/ そして経済が停止するか、さもなければ製造業者がシャッターを閉める中、大小の企業が過熱状態になっています。その要求に応え、とてつもない追加のマスク需要を満たそうとして。

otherwise: そうでなければ
shutter: 〜のシャッターを閉める
kick into overdrive: （活動などの一時的な）過熱状態になる
answer the call: 要求に応える
incredible: 驚くべき、途方もない

👉 **理解のポイント**
①は強調構文でIt isとthatにはさまれたthe fashion accessoryが強調されている。
②のandによって2つの文が並列されている。
③と④は分詞構文でそれぞれandを補ってand are answering…、and are trying to…と考えるとよい。

衣料ブランドや自動車メーカー、MLBが参入

In the United States, the White House says there simply isn't enough supply for everyone to wear a mask. / The nation's top infectious disease doctor (5) told CNN, health care workers must come first. /

And so, in an effort (6) reminiscent of the Second World War, the likes of Gap, General Motors, and even Major League Baseball, say they're opening their factories and getting to work. /

When New York Governor Andrew Cuomo asked for help, (7) calling on companies to be creative, the designer and "Project Runway" alumni Christian Siriano put his sewing staff to the task.

衣料ブランドのGAP、自動車メーカーGM、メジャーリーグまでがマスクの製造に乗り出した。

simply: 全く、全然	**(be) reminiscent of:**	**get to work:** 仕事にとりかかる
supply: 供給 (量)	〜を連想させる、思い出させる	**governor:** (米) 州知事
wear a mask: マスクをする	**the Second World War:**	**ask for help:** 助けを要請する
infectious disease: 感染症	第二次世界大戦	**call on:**
come first: 何よりも優先される	**the likes of:** 〜のような人	〜に呼びかける、求める
effort: 尽力、努力	**factory:** 工場	**creative:** 創造的な

　アメリカでは全員がマスクをするための供給量が絶対的に不足している、とホワイトハウスは述べています。／　この国の感染症における第一人者である医師は、医療従事者が誰よりも優先されるべきだとCNNに話しました。／

　そのため、第二次世界大戦を彷彿（ほうふつ）させる努力で、GAP、ゼネラルモーターズのような者たち、そしてメジャーリーグベースボール（MLB）までもが、工場をオープンして仕事に取りかかると言っています。／

　ニューヨーク州のアンドリュー・クオモ知事が援助を要請し、企業に創造的であるよう呼びかけたところ、「プロジェクト・ランウェイ」に以前出演したデザイナーのクリスチャン・シリアーノ氏は、自らの裁縫スタッフを任務に就かせました。

支援を要請したニューヨーク州のクオモ知事。

"Project Runway":「プロジェクト・ランウェイ」　▶ファッションデザイナーをテーマにしたアメリカのリアリティ番組。
alumni: 卒業生　▶alumnusの複数形。
sewing: 裁縫
task: 任務、仕事

☑ **ニュースのポイント**

● コロナでマスク不足が深刻になる中、多くの企業がマスクの製造に参入。
● 家で手作りする人も増えて、自粛中に最適な活動となった。

☛ **理解のポイント**

⑤のCNNとhealthの間には名詞節を導くthatが省略されている。〈tell＋目的語＋that節〉で「目的語（人など）にthat節以下について話す」という意味になる。
⑥は形容詞句で後ろからan effortを修飾している。
⑦は分詞構文でand called on...と考えるとよい。

家ごもりに最適なアクティビティ

With so many people stuck inside, making a mask at home is turning into the perfect social distancing activity. / Jan from sewitonline.com put out this handy do-it-yourself guide. /

From mom-and-pop outfits to household names and multinationals that span the globe, companies are stepping up, churning out masks, and trying to do their part in the fight against coronavirus.

プラダやグッチをはじめとする欧州のファッションブランドも、医療機関を支援するためにマスクを製造。

(be) stuck inside: （家の）中にこもる	**put out:** 〜を公開する	**household name:** 誰もが知っている名前
turn into: 〜に変わる	**handy:** 便利な、役に立つ	**multinational:** 多国籍企業
perfect: 最適な、理想的な	**do-it-yourself:** 自分でできる	**span the globe:** 世界中に広がる
social distancing activity: 他人との距離を保つ活動	**guide:** 手引き、ガイド	
	mom-and-pop outfit: 家族経営の会社	

Aired on April 2, 2020

News 02

　これだけ多くの人が家にこもる中、家でのマスク作りは人との距離を保つ最適な活動になりつつあります。/ sewitonline.com のジャンさんは、自分でできる便利なガイドを公開しました。/

　家族経営の会社から、誰でも知っている名前や世界中に進出する多国籍企業に至るまで、企業は力を入れてマスクを増産し、コロナウイルスとの闘いで自分の役割を果たそうとしています。

マスクを手作りする方法を公開したジャンさん。

step up:
〜を強化する、(量などを) 増やす
churn out: 〜を量産する
do one's part: 自分の役割を果たす
in the fight against: 〜との闘いの中で

📢 **Let's try to answer!**

Which do you prefer – a manufactured mask or a handmade mask?

👉 **理解のポイント**
⑧では、〈with ＋名詞＋状況を表す語句〉で、「…しながら、…したままで」という意味の付帯状況を表している。
⑨は主格の関係代名詞節で multinationals を後ろから修飾している。
⑩ and によって現在進行形の動詞 stepping up と churning out と trying が並列されている。

Tokyo Olympics 2020 to Be Postponed

東京 2020 オリンピックの延期が決定

大打撃の日本の観光産業

natural 14　slow 17

CNN REPORTER: No visit to Tokyo's Asakusa neighborhood is complete without a ride on a rickshaw. / But this year, almost no one's riding. /

①Finding customers is like fighting over scraps for rickshaw drivers like Yoshi Furuya. / And now that Tokyo 2020 is postponed at least until next year, the road ahead is looking long and lonely. /

Japan's tourism industry is bracing for an economic bloodbath, millions of jobs and billions of dollars are on the line.

---

postpone: 〜を延期する
visit: 訪問、旅行
neighborhood: 地区、地域
complete: 完全な
ride: 乗ること、乗車

rickshaw: 人力車
customer: 顧客
fight over: 〜を奪い合う
scraps: 残り物
at least: 少なくとも

road ahead: 前途
tourism industry: 観光産業
brace for: 〜に備える
economic: 経済の

2020年夏に開幕予定だった東京2020オリンピック・パラリンピック競技大会は、新型コロナウイルスの世界的大流行を受けて、1年後の2021年7月23日開催に延期が決定。国際オリンピック委員会（IOC）のバッハ会長はこの大会が人類の直面する暗いトンネルの出口の明かりとなり得ると語ったものの、スポンサーの問題などもあり、大会組織委員会は大会を簡素化する方針を示した。

CNN 10 - March 31, 2020

CNN REPORTER | **アメリカ英語**

ＣＮＮ記者　東京の浅草地域への旅行は、人力車に乗らなくては完結しません。/ でも今年は、ほとんど誰も乗っていません。/

ヨシ・フルヤのような人力車のドライバーにとって、客を探すのは残り物を奪い合うようなものです。/ そして東京2020オリンピックが少なくとも来年まで延期された今、前途は長く孤独に見えます。/

日本の観光業界は経済の大不況を前に、数百万もの仕事と数十億ドルが危険にさらされています。

---

bloodbath: 大不況
millions of: 何百万もの
billions of: 何十億もの
on the line: 危険にさらされて

👉 **理解のポイント**
①では動名詞のFinding customersが文の主語となっている。

複雑で大がかりな問題が山積

natural 15 slow 18

Keio University professor Sayuri Shirai says that astronomical cost includes ②cancellation and maintenance fees for more than three dozen Olympic venues, compensation for thousands who've already purchased condos in the Olympic athletes' village, billions in broadcasting rights and prepaid advertising. /

More than 4 million tickets are already sold, some seats costing up to three thousand dollars. /

Fans are not the only ones waiting. / Olympic organizers need to sort out a mind-boggling jigsaw puzzle, ③resolving scheduling conflicts with other major sporting events, ④rescheduling Olympic qualifiers.

コロナ前は外国人観光客に人気だった浅草の人力車。今年 3 月には乗客はほとんどなく、閑散としていた。

professor: （大学の）教授	**dozen:** 12 個、ダース	**prepaid:** 前払いの
astronomical: 天文学的な	**venue:** 会場、開催地	**advertising:** 広告、宣伝
cost: 費用	**compensation:** 補償金	**organizer:** 主催者、組織者
include: ～を含む	**purchase:** ～を購入する	**sort out:**
cancellation: キャンセル、中止	**condo:** 分譲マンション	～を整理する、まとめる
maintenance: 維持管理	**athletes' village:** 選手村	**mind-boggling:**
fee: 料金	**broadcasting right:** 放映権	気が遠くなるような

慶應義塾大学の白井さゆり教授が言うには、天文学的数字の費用には、3ダース以上のオリンピック会場のキャンセル代や維持管理費、すでにオリンピック選手村の分譲マンションを購入した数千人への補償金、数十億もの放映権や前払いの広告料などが含まれます。/

すでに400万枚以上のチケットが販売され、その中には3000ドルもする席もあります。/

待っているのはファンばかりではありません。/ オリンピック組織委員会は気が遠くなるようなジグソーパズルを整理しつつ、他の大規模なスポーツ大会と重なるスケジュールを調整し、オリンピック予選通過者のスケジュールを再調整する必要があります。

News 03

延期による損失は計り知れないと言う白井教授。

resolve: 〜を解決する
conflict: 対立、衝突
major: 大規模な、主要な
reschedule:
〜のスケジュールを再調整する
qualifier: 予選通過者

✓ **ニュースのポイント**
● 東京2020オリンピックの延期が決まり、日本の観光産業は大打撃を受けている。
● 延期に伴う問題が山積している。

☛ **理解のポイント**
②では that 節内の動詞 includes の目的語として、名詞 cancellation and maintenance fees と compensation、そして billions が並列されている
③と④の resolving および rescheduling は分詞構文で、それぞれ and resolve、and reschedule のように and を補って考えるとよい。

東京 2020 は短距離ではなくマラソン

Kaori Yamaguchi is 1988 Olympic judo bronze medalist and a member of Japan's Olympic Committee. / She knows postponement has a huge impact on athletes. /

If the games are delayed by a year, their training schedule drastically changes, she says, but I think the athletes can handle it. / Yamaguchi says this is a marathon, not a sprint. /

The coronavirus crisis will end. / The Olympics will go on. / Japan will have its moment in the global spotlight.

柔道の銅メダリスト山口氏は、東京 2020 オリンピックへの道のりを短距離走ではなくマラソンに例える。

bronze medalist: 銅メダリスト	**huge:** 莫大な	**drastically:** 大幅に
Olympic Committee:	**athlete:** スポーツ選手、アスリート	**handle:** 〜に対処する
オリンピック委員会	**delay:** 〜を遅らせる、延ばす	**sprint:** 短距離走
have an impact on:	**training schedule:**	**coronavirus:** コロナウイルス
〜に影響を及ぼす	トレーニングのスケジュール	**crisis:** 危機

News 03

　山口香氏は1988年のオリンピック柔道の銅メダリストであり、日本のオリンピック委員会の一員です。／　彼女は延期が選手たちに甚大な影響を及ぼすことを知っています。／

　試合が1年延期されれば、彼らのトレーニングのスケジュールは大幅に変わる、と彼女は言います。「でも、選手たちは対応してくれると思います」／　これは短距離走ではなくマラソンだと山口氏は言います。／

　コロナウイルスの危機は終息します。／　オリンピックは継続して行われます。／　日本は全世界の注目を浴びるのです。

果たして1年後にオリンピックを開催できるのか。

go on: 存続する、続く
have one's moment: 脚光を浴びる
global: 全世界の
spotlight: 注目

👉 **Let's try to answer!**

Do you think the 2020 Summer Olympics Games will really be held in 2021? Why?

👉 **理解のポイント**
⑤前置詞 by は「程度・度合い」を表し、「〜だけ」という意味。

News 04

A Step Towards Space Tourism

宇宙旅行への一歩

宇宙船基地から未来の旅行を

natural ⌒20 slow ⌒23

CNN REPORTER: The future of travel can take place here, someday. / This is Spaceport America in New Mexico. / A place where you can buy a ticket for a future ride to space. /

For decades, NASA has dominated the space industry, but over the last ten years or so, entrepreneurs like Sir Richard Branson, Elon Musk, and Amazon's Jeff Bezos have injected billions into the field. / They're looking to make space travel commercial. /

Virgin Galactic plans to shuttle customers into suborbital space for a quarter-million dollars each, and they plan to do it from a facility like this.

---

step towards: 〜への一歩	**for decades:** 数十年間	**field:** 分野、領域
space tourism: 宇宙観光旅行	**dominate:** 〜を支配する	**look to:**
future: 未来	**or so:** 〜ばかり、〜ほど	〜を目指す、〜しようと試みる
travel: 旅、旅行	**entrepreneur:**	**commercial:** 商業の、商売の
take place: 起こる、行われる	企業家、起業家	**plan to:** 〜する計画だ
spaceport: 宇宙船基地	**inject:** 〜を投入する	**shuttle:**
ride: 乗車、ドライブ	**billion:** 10億	〜を往復便で輸送する

米国ニューメキシコ州にあるスペースポート・アメリカは、アメリカに数カ所ある宇宙船基地の一つだ。2億2000万ドルもの税金が建設費用に投入されながら、2011年の完成後、スケジュールの遅れや失敗などが続き批判にさらされてきた。その中で、ヴァージン・ギャラクティック社が無動力試験飛行を成功させた。この世界初の商業用宇宙港で、人々に宇宙旅行を提供するという目的は実現するのか。

CNN10 - May 6, 2020

XCOR AEROSPACE

CNN 10

CNN REPORTER | アメリカ英語

CNN記者 いつの日か、未来の旅がここで行われるかもしれません。/ ここはニューメキシコ州のスペースポート・アメリカです。/ 未来の宇宙ドライブの切符を買うことができる場所です。/

米航空宇宙局（NASA）は数十年にわたり宇宙産業を支配してきましたが、ここ10年ほどは企業家たち —— 例えば、リチャード・ブランソン卿やイーロン・マスク、アマゾンのジェフ・ベゾスは、この分野に数十億を投入してきました。/ 彼らは宇宙旅行を商業化しようとしているのです。/

ヴァージン・ギャラクティック社は1人25万ドルで客を準軌道宇宙に往復便で輸送する計画で、こうした施設からそれをやろうと計画しています。

customer: 顧客
suborbital: 準軌道の　▶高度100キロメートル以上の宇宙空間に到達した後に地上に帰還する軌道。
quarter-million: 25万の
facility: 施設、設備

☞ **理解のポイント**
①関係副詞whereに導かれる形容詞節で、後ろからplaceを修飾している。

They're not alone. / XCOR Aerospace, World View, also have plans to send people to space, but the tourism industry is just one part of commercializing space. / Economists who studied ② the field say the real moneymaker will be something called point-to-point travel. /

Imagine traveling by spaceplane from London to Singapore in an hour, or from Los Angeles to London in a couple of hours. / These ships, once they're tested and approved, could ③ be the Concord of the 21st century. / Zipping people and packages around the globe ultra fast.

宇宙関連企業、スペースX社CEOのイーロン・マスク氏と、ロケットビジネスも経営するアマゾンCEOのジェフ・ベゾス氏。

alone: 単独の、唯一の	**study:** 〜を研究する	**a couple of hours:** 数時間
XCOR Aerospace:	**moneymaker:** もうかる仕事	**ship:** 宇宙船、航空機
▶米宇宙開発ベンチャー企業。	**point-to-point:** 2地点間の	**once:** いったん〜すれば
World View: ▶米アリゾナ州に	**imagine:** 〜を想像する	**test:** 〜を試験する、検査する
本社がある民間宇宙探査企業。	**spaceplane:** 宇宙飛行機	**approve:** 〜を承認する
tourism industry: 観光産業		

彼らだけではありません。/ XCOR エアロスペースやワールドビューも、宇宙に人を送る計画がありますが、観光産業は宇宙の商業化の一部にすぎません。/ この分野を研究してきたエコノミストは、本当にもうかる仕事は、いわゆる2地点間の移動と呼ばれるものになるだろうと言います。/

想像してください、宇宙飛行機でロンドンからシンガポールまで1時間で移動したり、ロサンゼルスからロンドンまで数時間で行くことを。/ これらの宇宙船は、いったん試験されて承認されれば、21世紀のコンコルドになるかもしれません。/ 人や荷物を高速で世界中に運んで。

ヴァージン・ギャラクティックを設立したブランソン氏。

Concord: コンコルド　▶イギリスとフランスが共同開発した超音速旅客機。2003年に全機が退役した。
zip: 〜を高速で送信する
around the globe: 世界中に
ultra fast: 超高速で

☑ **ニュースのポイント**
● 米国内には宇宙船基地がいくつかあるが、まだ発展途上だ。
● 宇宙旅行を実現させるためにも、地球上の超高速移動ビジネスが注目されている。

☛ **理解のポイント**
②は主格の関係代名詞節で、後ろからEconomistsを修飾している。
③は文の主語These shipsと動詞could beの間に入れられた挿入句。

気軽に宇宙に行ける日は来るのか

Innovating for the future of travel is a huge task and will take time. / Point-to-point is still in its infancy, and commercial space tourism has yet to find its legs, and there are setbacks along the way. /

There are nine spaceports in the country, and more are planned in the coming years. / When commercial space flights take off, they'll launch from places like this one. / Will buildings like Spaceport America and others, one day, shuttle paying customers back and forth to space? / We can't say for sure, but at one point, the idea of a race to the moon must have seemed pretty daunting as well.

2011年に完成した商業用宇宙港スペースポート・アメリカ。ヴァージン・ギャラクティック社が試験飛行を成功させた。

innovate: 革新する	**find one's legs:**	**space flight:** 宇宙飛行
a huge task: 大仕事	本領を発揮する、独り立ちする	**take off:**
take time: 時間がかかる	**setback:** 失敗、挫折	（宇宙船などが）離陸する
infancy:	**along the way:** 道中、進行中に	**launch:** 始める、乗り出す
（計画などの）初期段階、幼年期	**in the coming years:**	**paying:** お金を払ってくれる
have yet to: まだ〜していない	今後数年の間に	**back and forth:** 往復して

　旅の未来に向けた革新は大仕事で、時間がかかるでしょう。／2地点間の移動はまだ黎明期にあり、商業宇宙旅行はまだ独り立ちしておらず、途中で失敗もあります。／

　アメリカには9つの宇宙船基地があり、今後数年の間にさらに計画されています。／ 商業宇宙飛行が離陸するとき、それらはこうした場所から始まるでしょう。／ スペースポート・アメリカなどの建物は、いつの日か料金を払う客に宇宙を往復させるのでしょうか。／ 確かなことは言えませんが、月への競争も当時はかなり突飛な考えに思えたことでしょう。

ロンドン‐シンガポール間が1時間に。

for sure: 確実に
at one point: ある時、ひところ
idea of: 〜という考え
daunting: ひるませる、おじけづかせる

🚩 **Let's try to answer!**

Would you like to go on a space trip? Why?

👉 **理解のポイント**
④の疑問文の主語はbuildingsで動詞はshuttle、目的語はpaying customers。

"Retail Apocalypse?" or "Retail Evolution?"

小売業の「終末」か「進化」か？

2019年には多くの小売業が閉店

CNN REPORTER: It's a story ①that almost doesn't need an introduction. / ②The explosive growth of online shopping, and the death of brick-and-mortar stores. / America's vibrant consumerism of yesterday went digital. /

And so in 2019, when more than 9,300 retail stores closed, many feared that a "retail apocalypse" was in full swing. /

Those store closures marked a nearly 60 percent uptick from the previous year.

---

retail: 小売
apocalypse:
黙示録、世の終末
evolution: 進化
introduction: 導入

explosive growth:
爆発的な成長
online shopping: ネット通販
brick-and-mortar store:
実店舗、リアルショップ
vibrant: 活気のある

consumerism: 大量消費主義
go digital: デジタル化される
retail store: 小売店
fear: 〜を心配する、懸念する
in full swing: どんどん進んで
closure: 閉店、休業

近年、アメリカでは多くの小売店が苦境に立たされ、2019年には全米で9300もの店舗が閉店に追い込まれた。その一方で、Aldiやダラーゼネラルといったディスカウントストアやプチプラショップは、数十から数百という支店をオープンしており、専門家は小売業の売上は伸びているとしている。これまで考えられてきたように、オンライン販売と実店舗の売上高が必ずしも反比例するわけではないことが明らかになりつつある。

CNN10 - March 2, 2020

News 05

CNN REPORTER | アメリカ英語

CNN記者 導入の説明がほとんど必要のない話題です。/ ネット通販の爆発的な成長と、実店舗の死と。/ かつて旺盛だったアメリカの大量消費主義がデジタルに移行しました。/

そして2019年に、9300以上の小売業が閉店したとき、多くの人が「小売業の終末」がどんどん進むことを懸念しました。/

こうした店舗の閉鎖は、前年に比べて60パーセント近い上昇を記録しました。

---

mark: 〜を示す、記録する
nearly: ほぼ、大体
uptick: 上昇、増加
previous: 前の

☞ **理解のポイント**
①は主格の関係代名詞thatが導く節で、後ろからa storyを修飾している。
②は直前の文の名詞a storyを名詞句だけで説明している不完全文。ニュースのタイトルや見出しなどで使われる表現。

ネットと実店舗の「ハイブリッド」型

The problem with the "retail apocalypse" narrative is it assumes online shopping is bad for brick-and-mortar stores. / As online shopping grows, in-store shrinks. / In reality, the two can be complementary. /

While it used to be that customer's entire shopping experience happened in-store, today it's more of a hybrid in-store and online. / For example, roughly two-thirds of consumers say they've researched a product online before shopping for it in-store. / The flipside is also true.

2019年には9300以上の小売店が閉店したが、実際には小売業は成長しており、商品の9割が実店舗で販売されている。

problem: 問題（点）	**shrink:** 減る、縮小する	**customer:** 顧客
narrative: 語り口	**in reality:** 実際には	**entire:** 全部の、全体の
assume:	**complementary:**	**more of:** どちらかというと
〜と見なす、決めてかかる	（お互いに）補完する	**hybrid:** 混成、ハイブリッド
in-store: 店内の	**while:** 〜とはいえ	

　「小売業の終末」を語ることの問題点は、それがネット通販を実店舗にとって悪いと決めてかかることです。／ ネット通販が増えるにつれて、リアル店舗が縮小すると。／ 実際には、両者はお互いに補完します。／

　以前は、顧客の買い物体験は全て店内でされましたが、今日ではどちらかというと、店内とネットの混合です。／ 例えば、およそ3分の2の消費者が、店で買う前にネットで商品をリサーチしたと述べています。／ その逆もまた真なり、なのです。

News 05

ネット購入＆店頭受け取りを7割の消費者が経験。

roughly: おおよそ、大体
research: 〜を調査する
product: 製品、商品
flipside: （物事の）裏面、対照的な面

☑ **ニュースのポイント**

● 多くの店が閉店する一方で、実店舗をオープンするショップもある。
● ネットショップと実店舗を併用する人が増えている。

👉 **理解のポイント**

③には2つのthatが省略されている。...is that it assumes that...と考えるとよい。ひとつ目のthatは文の補語となる名詞節を導いている。一方、ふたつ目はassumesの目的語となる名詞節を導いている。
④のitは形式主語で、that以下がitの具体的内容を指している。

リアルショップの利便性は捨てがたい

natural 28 / slow 31

Once ₅online-only companies like Warby Parker, Everlane, Casper, Allbirds, Zappos, and even Amazon have seen the advantage of opening physical stores. /

As consumers, we still want to touch and try stuff on in-store before buying it. / Get an item fast without paying for shipping and expedite returns. / Conveniences we can't get online. /

So maybe the term "apocalypse" is getting thrown around a bit too much. / A better term, evolution. / ₆As our shopping habits evolve, brick and mortar stores may just be as important as ever.

最初はオンラインで営業していた企業による実店舗が1700店もオープンした。アマゾンもその例外ではない。

once: かつて、以前	**Allbirds:** ▶2020年1月に日本でも原宿店がオープンしたスニーカーブランド。	**try on:** 〜を試着する
Warby Parker: ▶ニューヨークに本拠を置く眼鏡スタートアップ。		**stuff:** 物
		expedite: 〜を迅速に処理する
Everlane: ▶ファッションアイテムを販売する米国企業。	**Zappos:** ▶靴を中心とした米国のアパレル関連企業。	**returns:** 返品商品
Casper: ▶ニューヨーク発の寝具スタートアップ。	**physical store:** 実店舗	**convenience:** 利便性、便利さ
		term: 用語、言葉

　ワービー・パーカーやエバーレーン、キャスパー、オールバーズ、ザッポスのような、かつてネットだけだった企業、そしてアマゾンでさえもが、実店舗をオープンすることの利点を見いだしてきました。/

　客として私たちは今でも、購入する前に店でその物を触って試着したいです。/ 送料を払わずに早く商品を入手し、素早く返品手続きをしたいのです。/ オンラインでは得られない便利さです。/

　なので、「終末」という言葉は、少し安易に使われ過ぎているのかもしれません。/「進化」という言葉の方が適切です。/ 私たちの買い物の習慣が進化するにつれて、実店舗は然依、重要であり続けるかもしれません。

News 05

▶ **Vanessa Yurkevich**
CNN Business and Politics Correspondent

商品を買う前に手に取って試着したいと話す記者。

throw around: 〜をむやみに使う
habit: 習慣
evolve: 進化する
as...as ever: 依然、相変わらず

▶ **Let's try to answer!**

Do you prefer to do shopping online or at a physical store? Why?

☞ **理解のポイント**

⑤のonline-only companiesは文の主語。直後のlike以下にその具体的企業名が例示されている。

⑥のAsに導かれる節の範囲はevolveまで。evolveはas節内で自動詞として機能している。

The U.S. Presidential Election

コロナショック下のアメリカ大統領選挙

CNN 10

かつて経験したことのない選挙戦

natural 32 slow 35

AZUZ: I'm Carl Azuz, and I work at the CNN Center in more normal times. / But everyone's having to make adjustments in this era of coronavirus, and that includes U.S. politicians. /

As one political organizer put it, no one's ever run a campaign completely online before. / The big town hall events, the speeches in front of cheering crowds, these have been put on hold to keep people from gathering in large groups. / So this is turning into a very different looking election year than America has ever seen.

---

presidential election: 大統領選挙	**include:** 〜を含む	**run a campaign:** 選挙運動を行う
normal times: 通常時	**politician:** 政治家	**online:** オンラインで
make an adjustment: 調整する	**political:** 政治に関する	**town hall event:** タウンホール・イベント ▶政治家が市民と対話する催し。
era: 時期、時代	**organizer:** 組織者、まとめ役	
	put it: 言う、表現する	

4月8日に民主党の有力候補の一人とされてきたバーニー・サンダース氏が選挙戦からの撤退を表明したことで、2020年11月の米大統領選挙本選は事実上、「トランプ対バイデン」の一騎打ちとなることが決まった。バイデン氏が6月23日にオンライン上で開いた選挙資金集会に、オバマ前大統領が参加。一方でトランプ大統領はコロナ禍の中、6月22日にオクラホマ州で約3カ月ぶりとなる選挙集会を強行し、波紋を広げている。

CNN10 - April 10, 2020

News 06

AZUZ | アメリカ英語

アズーズ　カール・アズーズです。もっと平時にはCNNセンターで働いています。 / しかし、このコロナウイルスの時期には誰もが調整しなければなりませんし、それにはアメリカの政治家たちも含まれます。 /

　ある政治組織者によれば、これまで選挙運動を完全にオンラインだけで行った人物はいないそうです。 / 大規模なタウンホールのイベントや、声援を送る群衆を前にしたスピーチ、これらは人々が大きな集団で集まるのを防ぐために保留にされました。 / ですから、今回はアメリカが経験してきたどの選挙の年とも大きく異なる様相に変わりつつあります。

---

cheering crowd: 声援を送る群衆
(be) put on hold: 保留にされる
keep someone from:
（人）に〜させないようにする
gather: 寄せ集まる、集合する
turn into: 〜に変化する

👉 **理解のポイント**
①の these は、直前の2つの名詞句 The big town hall events と the speeches in front of cheering crowds を指している。

「トランプ対バイデン」の戦いに

The once numerous field of presidential candidates has been whittled down. / Former Massachusetts Governor Bill Weld ended his Republican campaign on March 18th. / A day later, U.S. Representative Tulsi Gabbard from Hawaii ended her Democratic campaign, and just this week, U.S. Senator Bernie Sanders from Vermont ended his Democratic campaign. /

So all this means ②that former Vice-President Joe Biden, a Democrat, and incumbent President Donald Trump, a Republican, are set to be the final candidates for America's major political parties. / They'll be on the presidential ballot this November.

4月8日に民主党の候補指名争いからの撤退を表明したサンダース氏と、3月19日に撤退を表明したギャバード氏。

---

once: 以前、あるとき	**whittle down:**	**senator:** （米）上院議員
numerous:	〜を減らす、そぎ落とす	**former vice-president:**
多数の、非常に多くの	**governor:** （アメリカの）州知事	元副大統領
field: 分野、領域	**Republican:** 共和党の	**incumbent:** 現職の
presidential candidate:	**representative:** （米）下院議員	**(be) set to:**
大統領候補	**Democratic:** 民主党の	〜することに決まっている

　一時期は多岐の分野にわたった大統領候補は絞り込まれました。／ 元マサチューセッツ州知事のビル・ウェルドは、3月18日に共和党の選挙戦から撤退しました。／ 翌日には、ハワイ州選出の米下院議員トゥルシー・ギャバードが民主党の選挙戦から撤退し、そしてまさに今週、バーモント州選出の米上院議員バーニー・サンダースも民主党の選挙戦から撤退しました。／

　これら全てが意味するのは、民主党の元副大統領ジョー・バイデンと、共和党の現職大統領ドナルド・トランプが、アメリカの主要政党の最終候補になることが決まったということです。／ 彼らは今年11月に投票用紙に名前を記載されることになります。

一時は多くの民主党候補者が乱立していた。

final: 最終の、最終的な
major: 主要な
political party: 政党
ballot: 投票用紙、候補者名簿

☑ ニュースのポイント

● 2020年アメリカ大統領選挙は「トランプ対バイデン」の対決に。
● 新型コロナウイルスの影響で、従来の選挙戦とは異なる戦いになる。

👉 理解のポイント

②は直前の動詞 means の目的語となる名詞節を導いている。

オンラインで選挙戦の構え

But just like some of the primaries and caucuses ③ that help determine these candidates have been changed, postponed or held online, the party conventions ④ that will formally nominate them could also be affected. /

The Democratic National Convention was originally scheduled for July in Milwaukee, Wisconsin. / It's been postponed until mid-August. / The Republican National Convention is scheduled for late August in Charlotte, North Carolina. /

But in the meantime, both political parties say they're prepared for weeks of virtual campaigning, as COVID-19 continues to spread in America.

熱気ある支持者たちを前に行われる選挙運動も、今年はオンラインで行うことが増えるだろう。

just like: 〜と同様に	**formally:** 正式に、公式に	**mid:** 中間の
primary: 予備選挙	**nominate:** 〜を指名する	**late:** 下旬の
caucus: 党員集会	**affect:** 〜に影響を与える	**in the meantime:**
determine: 〜を決定する	**originally:** もともと、本来は	それまでは、その間に
postpone: 〜を延期する	**(be) scheduled for:**	**(be) prepared for:**
party convention: 党大会	〜に予定されている	〜に備える、〜に対応できるよう
		に準備する

Aired on April 10, 2020

　しかし、これらの候補者を決めるのに役立つ予備選挙や党員集会の一部が変更や延期になったり、オンラインで行われたりしたのと同様に、彼らを正式に指名する党大会もまた影響を受ける可能性があります。/

　民主党全国大会は本来、ウィスコンシン州ミルウォーキーで7月に予定されていました。/ それは8月中旬に延期されました。/ 共和党全国大会は、ノースカロライナ州シャーロットで8月下旬に予定されています。/

　しかしそれまでの間、どちらの政党もネットワーク上で選挙運動をする用意ができていると述べています。新型コロナウイルス感染症がアメリカで広がり続ける中で。

News 06

民主党全国大会は7月から8月に延期された。

virtual: バーチャルな、ネットワーク上の
COVID-19: 新型コロナウイルス感染症
spread: 広がる

 Let's try to answer!

Which candidate do you think will win the 2020 Presidential Election? Why?

👉 **理解のポイント**
③④は主格の関係代名詞thatに導かれる節で、それぞれ後ろからthe primaries and caucuses、the party conventionsを修飾している。

The Role of Antibodies
抗体が果たす役割

抗体とは、血液中のタンパク質

CNN REPORTER: One of the ways our immune system protects us from viruses is through antibodies. / Antibodies are proteins in our blood ①that attach themselves to parts of viruses. / That limits the infection and also alerts white blood cells to come in, attack, and eliminate the virus. /

So in many cases, if the body encounters the same virus again, the immune system has leftover antibodies ②that are taught, and remember the previous infection. / ③These cells can either fight off the deadly virus directly, or they can produce more antibodies to help prevent the infection.

---

role: 役割、役目
antibody: 抗体、免疫体
immune system: 免疫系
protect: 〜を守る、保護する
virus: ウイルス
protein: タンパク質

blood: 血（液）
attach A to B: AをBに付ける
part: 一部、部分
limit: 〜を制限する
infection: 感染（症）
alert: 〜に警告する

white blood cell: 白血球
attack: 〜を攻撃する
eliminate: 〜を排除する
encounter:
〜に遭遇する；遭遇
leftover: 残りの

新型コロナウイルスの現在の感染者を特定することができるPCR検査に対して、過去の感染者を知ることができるのが抗体検査で、感染の広がりを把握するために実施されている。6月18日に英医学誌『ネイチャー・メディシン』に掲載された論文で、中国・重慶医科大学などの研究チームが「新型コロナの抗体は2〜3カ月経つと急激に減少する」と発表した。それが事実なら、再感染のリスクが高いことを意味する。

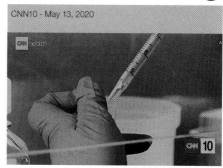

CNN10 - May 13, 2020

CNN REPORTER | **アメリカ英語**

CNN記者 免疫系が私たちをウイルスから守る方法のひとつが、抗体を通してです。/ 抗体は私たちの血液中のタンパク質で、ウイルスの一部に付着します。/ それによって感染を抑え、また、白血球が参加して、ウイルスを攻撃して排除するように合図を送ります。/

そのため多くの場合、体が同じウイルスに再び遭遇すると、免疫系には残された抗体があり、それらは以前の感染を学んで覚えています。/ これらの細胞は、致命的なウイルスを直接撃退するか、感染を防ぐのを助けるために抗体をもっと作り出すことができます。

---

previous: 以前の、前の
fight off: 〜を撃退する
deadly: 致命的な、致死の
directly: 直接に
produce: 〜を作り出す
prevent: 〜を防ぐ

☛ 理解のポイント
①と②は主格の関係代名詞thatに導かれる節で、それぞれ後ろからproteins、antibodiesを修飾している。
③はeither A or B「AかBのいずれか」を意味する構文で、orによって文同士が並列されている。

News 07

免疫が持続しないウイルスの存在

Researchers aren't entirely sure why this process works so well for some viruses but not others. / Our immune system seems to remember some viruses better than others. / A person is generally protected for life after one encounter with viruses like chickenpox or polio. / However, there are some viruses ④that our immune systems seem to easily forget. /

Scientists have reported that immunity could be short-lived after encounters with some common seasonal coronaviruses, ⑤which can cause the common cold. / That could help explain why we can repeatedly get sick with something as simple as a cold, even if we think we've been exposed to cold viruses before.

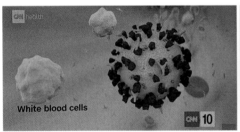

White blood cells

Chicken pox Polio

抗体は白血球を呼び寄せて、ウイルスを攻撃させる。　　水ぼうそうやポリオは一度かかると、免疫ができる。

researcher: 研究者	**generally:** 一般に、通常	**immunity:**
entirely: 完全に	**chickenpox:**	（病気に対する）免疫
sure: 確信している、確かな	水痘（みずぼうそう）	**short-lived:**
process: 過程、方法	**polio:** ポリオ、小児まひ	短命の、長続きしない
work well: うまく機能する	**scientist:** 科学者	**common:** 一般的な
	report: 〜を報告する	**seasonal:** 季節の

この方法が一部のウイルスには非常にうまく機能するのに、なぜ他のウイルスには機能しないのか、研究者は完全に確信を持つには至っていません。/ 私たちの免疫系は、一部のウイルスを他のウイルスよりもよく覚えているようなのです。/ 人間は一般に、水痘やポリオといったウイルスと一度遭遇すると、それらから一生守られます。/ しかしながら、私たちの免疫系が簡単に忘れてしまうらしいウイルスがあるのです。/

科学者は、一般的な風邪を引き起こす可能性がある、一般的な季節性コロナウイルスと遭遇した後に、免疫は長く続かないかもしれないと報告してきました。/ このことは、私たちがこれまで風邪のウイルスにさらされてきたと思うにもかかわらず、風邪のような単純なもので、何度も病気になることを説明するのを助けてくれるかもしれません。

医療ニュース担当のグプタ氏は外科医の人気記者。

cold: 風邪、感冒
repeatedly: 繰り返して、何度も
get sick: 病気になる、発病する
(be) exposed to: 〜にさらされる

☑ **ニュースのポイント**

● ワクチンの開発とともにコロナウイルスの抗体検査が注目されている。
● 通常はウイルスに一度感染すると、免疫ができるが、風邪などの例外もある。
● コロナウイルスの抗体がどこまで有効かはまだ分かっていない。

☛ **理解のポイント**

④は目的格の関係代名詞thatに導かれる節で、後ろからsome virusesを修飾している。
⑤は主格の関係代名詞whichに導かれる節で、後ろからsome common seasonal corona-virusesを修飾している。

抗体があればコロナに感染しないかは不明

We could be getting exposed to new strains as well. / And some viruses like the flu can mutate often, which means our old antibodies no longer work against new strains. /

While most experts do believe that we're probably going to have some protection after being infected with the coronavirus, we're still not sure just how long that protection will be, or how strong.

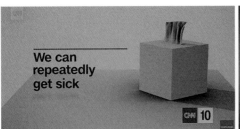

We can repeatedly get sick

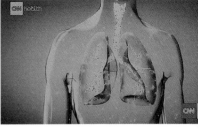

風邪のウイルスに繰り返し感染することを考えると、免疫系が時に機能しないことの説明がつく。

strain:（ウイルスや細菌の）株	**often:** しばしば、たびたび	**expert:** 専門家
as well: おまけに、その上	**no longer:** もはや〜でない	**probably:** 多分、おそらく
flu: インフルエンザ	**while:**	**protection:** 保護（すること）
mutate: 突然変異する、変化する	〜とはいえ、〜ではあるものの	**(be) infected with:** 〜に感染している

　私たちは新種のウイルス株にさらされる可能性もあります。/ そして、インフルエンザのような一部のウイルスはしばしば突然変異し、それは私たちの古い抗体がもはや新種の株に機能しないことを意味します。/

　ほとんどの専門家が、私たちがコロナウイルスに感染した後に、おそらくある程度は保護されるだろうと考えていますが、どれだけの期間、どれだけの強さで守られるのか、とにかく確証がないのです。

News 07

抗体がどの程度コロナから守ってくれるかは不明。

(be) not sure:
自信がない、確信が持てない

👉 **Let's try to answer!**

Do you think the Japanese Government should encourage people to have antibody tests?

👉 **理解のポイント**
⑥は関係代名詞の継続用法で、which は直前の内容すべて (some viruses like the flu can mutate often) を指している。

Changes in the Workplace

オフィスはどのように変わるのか

最先端のオフィス事情に変化

CNN REPORTER: Over the past few decades, they've evolved to this. / Open plans, social hubs like the Salesforce Tower in San Francisco.

ELIZABETH PINKHAM (EVP GLOBAL REAL ESTATE, SALESFORCE)**:** We love to come together. / We love to collaborate. / We love to have face-to-face meetings.

CNN REPORTER: Salesforce has spent the last eight weeks turning those principles on their head.

---

change: 変化、変更	**evolve:**	**social:** 社会の、社交的な
workplace: 職場、仕事場	（徐々に）発展する、進化する	**hub:** 中心、拠点
past: 過去の	**open plan :** 仕切りや壁がない、	**real estate:** 不動産
decade: 10 年	オープンプランの	

コロナ後の世界で、私たちのオフィスの環境もずいぶん違ったものになりつつある。デスクの間には透明な仕切りが設置され、会議室には利用人数の制限が大きく掲げられる。そして、こうした人々に物理的な距離を取るよう注意を喚起する視覚的合図と併せて、最先端技術を使ったさまざまなアプリや方法が、オフィスで働く人の健康を守るために開発されつつある。

CNN10 - May 22, 2020

CNN REPORTER | **イギリス英語**

CNN記者 ここ20〜30年の間、それらはここまで進化してきました。/ サンフランシスコのセールスフォース・タワーにあるようなオープンプランや社交の拠点です。

エリザベス・ピンカム（セールスフォース、グローバル・リアルエステート） 私たちは集まるのが好きです。/ 協調して取り組むのが好きです。/ 顔を合わせて打ち合わせをするのが大好きなのです。

CNN記者 セールスフォース社はこれらの原則を一新するために、この8週間を費やしてきました。

---

come together:
集合する、集まる
collaborate:
協力する、協調して取り組む

face-to-face:
向かい合った、対面の
turn...on its head:
…を覆す

principle: 原則、指針

ボタンを触らなくていいエレベーター

①Inspired by this model from real estate firm Cushman and Wakefield, dubbed the six feet office, it's not exactly a return to cubicles, but there are eerie similarities. /

Plans are still being finalized, but masks will be mandatory, shifts will be staggered, temperatures checked. / Elevators in the company's many towers, socially distanced. / Across the corporate world, high-rise offices present a particular challenge.

SCOTT RECHLER (CHAIRMAN & CEO, RXR REALTY): We're changing technology to be able to use Bluetooth to go touchless into the elevators.

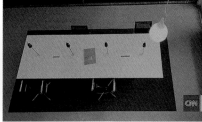

新たな時代のオフィスでは、デスクの間に透明な仕切りが設けられ、会議室の収容人数も大きく制限される。

(be) inspired by: 〜からアイデアを得る	**cubicle:** パーティションで区切った作業スペース	**shift:** シフト、交代勤務時間
model: 様式、モデル	**eerie:** 不気味な	**stagger:** 〜を調整する
dub: …を〜と呼ぶ	**similarity:** 類似点	**socially distanced:** 社会的距離を取った
exactly: 完全に	**finalize:** (計画などを) 仕上げる	**corporate:** 法人の、企業の
return: 元に戻ること	**mandatory:** 義務的な、必須の	**high-rise:** 高層 (ビル) の

「6フィート・オフィス」と呼ばれる不動産会社 Cushman and Wakefield のこのモデルからヒントを得て、パーティションで区切られたオフィスに完全に戻るわけではありませんが、不気味な類似点もあります。/

　計画はまだ仕上げの段階ですが、マスクは必須になり、シフトは調整され、体温はチェックされます。/ 同社の多くのタワービルのエレベーターでは社会的距離が取られます。/ 企業世界全域で、高層ビルのオフィスが注目すべき挑戦を見せています。

スコット・レクラー（RXRリアルティ　会長兼CEO）　私たちは科学技術を変えることで、ブルートゥースを使ってタッチレスでエレベーターに乗れるようにしたいのです。

オフィス内の通路も、一方通行の表示に。

particular: 注目すべき、各自の
challenge: 挑戦
Bluetooth: ブルートゥース ▶近距離無線通信規格のひとつ。
touchless: 触らない

News 08

ニュースのポイント
● コロナ後のオフィスは大きく変わるだろう。
● ソーシャルディスタンスを取りつつ、科学技術を使って安全性を高めることになる。

👉 理解のポイント
①は分詞構文で、Being inspired の Being が省略されていると考えるとよい。

CNN REPORTER: Scott Rechler runs RXR Realty, the fourth largest office landlord in Manhattan. / He is re-evaluating every detail of his buildings. / And technology also critical to his plan.

RECHLER: We'll have an app that before they even come to work, they'll be able to actually look to see what the health index of the building is.

CNN REPORTER: Amidst all that change, there's one part of this new office reality that's already here. /

And that's working from home. / It's clear in this world, where the virus is still a threat, the ultimate trick to keeping offices safe is having fewer people in them.

職員がオフィスに入ると、ソーシャルディスタンスが適切に保たれているかなどを、アプリがモニターしてくれる。

run: 〜を運営する、経営する	**critical:** 重要な意味を持つ	**reality:** 現実、事実
realty: 不動産	**plan:** 計画	**work from home:**
landlord: 地主、経営者	**app:** アプリ (=application program)	在宅勤務をする
re-evaluate:		**clear:** 確実な、明らかな
〜を見直す、再評価する	**health index:** 健康指標	**virus:** ウイルス
detail: 詳細、細部	**amidst:** 〜のさ中で	**threat:** 脅威

Aired on May 22, 2020

CNN記者 スコット・レクラー氏は、マンハッタンで4番目に大きいオフィス・ディベロッパーのRXRリアルティを経営しています。/ 彼は自社のビルのあらゆる細部を見直しています。/ そして科学技術もまた、彼の計画にとっては重要な意味を持ちます。

レクラー 私たちは、皆さんが出勤すらする前に、そのビルの健康指標を実際に見ることができるようなアプリを用意します。

CNN記者 それら全ての変化の中で、新しい職場の現実の一部ですでに実現しているものがあります。/

それは、在宅勤務をすることです。/ ウイルスがまだ脅威であるこの世界で、職場を安全に保つ究極の秘訣が、その中にいる人数を減らすことであることは明らかです。

最新技術を使って職場環境を見直すレクラー氏。

ultimate: 究極の、最終的な
trick: 技、秘訣
keep...safe: …を守る

🚩 **Let's try to answer!**

Would you prefer to work from home, or in a socially distanced office? Why?

👉 **理解のポイント**

②は関係副詞のwhereに導かれる節で、後ろからthis worldを修飾している。

③は完全文なので、直前に名詞節を導くthatが省略されていると考えるとよい。つまり、It is clear that（挿入句）＋③という構造になっている。

What Is a Pandemic?
パンデミックとは何か？

世界中に広がる感染症

natural **50** slow **53**

CNN REPORTER: What is a pandemic? / ①To understand that, we need to first understand where they start.

JENNIFER ROHN (UNIVERSITY COLLEGE LONDON)**:** An epidemic is simply an outbreak of infection in a localized area. / A pandemic is ②when that infection spreads to multiple countries around the world.

CNN REPORTER: And while on one hand, we're better protected than before, on the other, our changing society brings together a host of other challenges.

---

pandemic: 世界的流行病	**localized:** 特定の場所に制限される	**on one hand:** 一方では
epidemic: 流行病、伝染病		**better:** もっと、いっそう良く
simply: 単に、ただ	**spread:** 広がる	**protected:** 保護された
outbreak: 流行、発生	**multiple:** 多数の	**society:** 社会
infection: 感染症	**around the world:** 世界中の	**bring together:** ～を呼び寄せる

地球の人口は増加を続け、グローバル化が進む中、人々は近年かつてないほどのペースで国境を越えて活動してきた。こうした状況が今回のコロナウイルスのパンデミックを引き起こす要因の一つとなった。現代の医療、科学技術、通信の目覚ましい進歩をもってしても、世界的流行に立ち向かうには国際的な協調と連携が不可欠だ。専門家たちはこのパンデミックがどれほどの被害をもたらすかいまだ計り知れないとしている。

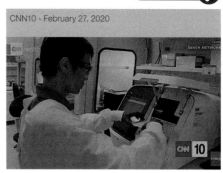

CNN10 - February 27, 2020

CNN REPORTER | アメリカ英語

CNN記者 パンデミックとは何か。/ そのことを理解するためにはまず、それがどこで始まるかを理解する必要があります。

ジェニファー・ローン (ユニバーシティ・カレッジ・ロンドン) 伝染病というのは、単に限定された地域における感染症の流行です。/ パンデミックは、その感染症が世界中の多数の国々に広がった場合をいいます。

CNN記者 そして一方では、私たちは以前よりも保護されているものの、他方では、変化する私たちの社会はたくさんの別の課題をもたらします。

News 09

---

a host of: たくさんの、多くの
challenge: 課題

👉 **理解のポイント**
①は不定詞の副詞的用法で「～するために」という目的を表す。
②の when 節全体が文の補語となっている。

ROHN: In this day and age, all you need is one person at the airport, and you can infect the whole world.

CNN REPORTER: The majority of pandemics, ③to date, have been strains of influenza, though pandemics can be any type of infection, usually a virus. /

Many new or novel viruses come from animals. / They can pass onto humans after close contact, in a process ④called zoonotic spillover.

ROHN: And when that happens, sometimes the virus is not very transmittable because it's suited to circulating only in animals.

Jennifer P
University College L

空港にいるたったひとりの人間が、世界中にウイルスを拡散する危険性について述べるローン氏。

in this day and age: 現代では	**influenza:** インフルエンザ、流行性感冒	**pass onto:** 〜に移す、移る
infect: （ウイルスなどを）〜に感染させる	**usually:** 通常、一般に	**human:** 人間
majority of: 大多数の、大半の	**virus:** ウイルス	**close contact:** 密接な接触
to date: 今まで	**novel:** 新しい種類の	**process:** 過程
strain: （細菌やウイルスの）株、種	**come from:** 〜に由来する	**zoonotic:** 動物由来感染症の
		spillover: 流出

ローン　現代では、空港にいるたったひとりの人間が、世界中を感染させることができます。

CNN記者　これまでのパンデミックの大半がインフルエンザの種でしたが、パンデミックはあらゆる種類の感染症の可能性があり、通常はウイルスです。／

　新しい、または新型ウイルスは、多くの場合動物由来です。／ それらは密接な接触の後に、動物由来感染症拡大と呼ばれる過程を経て、人間に移ることがあります。

ローン　そしてそれが起こっても、ウイルスはそれほど伝染性が高くないこともあります。なぜなら、これは動物の間でのみ広がるのに適しているからです。

新型ウイルスの多くが動物によってもたらされる。

transmittable: 伝染性の
(be) suited to: ～に向いている
circulate: 広まる

☑ **ニュースのポイント**
● パンデミックは感染症の世界的流行で、インフルエンザウイルスの場合が多い。
● 新型ウイルスの多くは動物由来だ。
● 人口増加とグローバル化がパンデミックを加速させる。

👉 **理解のポイント**
③ではto date「これまで」という表現を伴い、現在完了形によって、過去から現在までの継続的な状況を表している。
④は後ろからprocessを修飾している。

News 09

But sometimes we see ones ⑤that can transmit from person to person, ⑥and they can be quite efficient at doing this, / ⑦and in that case, an outbreak can become an epidemic, as it grows. / And there's a chance that it could spread more widely.

CNN REPORTER: This is what happened in the 2009 Swine Flu pandemic. / A pig influenza virus moved into people. / Pig viruses are similar to human viruses, and that allowed human-to-human transmission to happen quicker. / More than a decade has passed since the 2009 pandemic, and the world's population has grown, ⑧as have the risks of passing viruses between people.

2009年から2010年にかけて世界的に流行したインフルエンザでは、ブタから人へとウイルスが感染した。

transmit: 伝染する	**widely:** 広範囲にわたって	**allow...to:**
efficient: 効率的な	**swine flu:** 豚インフルエンザ	…に〜することを許す
in that case: その場合	**pig:** ブタ	**human-to-human**
grow: 増える、増大する	**(be) similar to:** 〜と似ている	**transmission:**
		ヒトからヒトへの感染

　しかし、時に私たちは人から人へと伝染するウイルスを目にし、それらはかなり効率的に事を運ぶことがあります。／ そしてその場合、ウイルスの増加に伴い、流行が伝染病になることがあります。／ そして、ウイルスがさらに広範囲に拡散するかもしれない可能性があります。

ＣＮＮ記者　それが2009年の豚インフルエンザの世界的流行で起こったことです。／ ブタのインフルエンザウイルスが人の体内に入り込んだのです。／ ブタのウイルスはヒトのウイルスと似ていて、そのことがヒトからヒトへの感染を速めることを可能にしました。／ 2009年のパンデミックから10年以上が過ぎ、世界の人口増加に伴い、人間同士のウイルス感染の危険性も高まったのです。

世界の人口増加に伴ってウイルスの脅威も増す。

decade: 10 年
pass:
（時が）経つ；（ウイルスを）感染させる
population: 人口
risk: 危険（性）

🚩 **Let's try to answer!**

What do you think people can do in order to prevent a pandemic?

News 09

👉 **理解のポイント**

⑤は主格の関係代名詞節で後ろからonesを修飾している。
⑥と⑦のandによって文と文が並列されている。
⑧は as the risks of passing viruses between people have grown と解釈できる。

Solar Windows to Change the Way Buildings May Be Powered

太陽光発電窓の可能性

ソーラーパネルの難点を解消?!

natural **56** slow **59**

CNN REPORTER: Solar panels are a popular method ① for capturing renewable energy, but they have some limitations. / They need lots of space, special installation, ② and have some aesthetic drawbacks. / But ③ what if they looked like this, and every window around you doubled as a solar panel?

MILES BARR (FOUNDER AND CTO, UBIQUITOUS ENERGY)**:** We've developed a way of ④ making solar cells transparent, by only capturing the invisible light. / This is the only technology that allows you to do that.

solar: 太陽光線を利用した	**renewable energy:** 再生可能エネルギー	**drawback:** 難点、欠点
power: 〜に電力を供給する		**double:** （別の機能を）兼ねる
solar panel: 太陽電池パネル	**limitation:** 限界、欠点	**ubiquitous:** いたる所に存在する
popular: 人気のある、一般的な	**installation:** 装置、設備	**energy:** エネルギー
method: 方法、方式	**aesthetic:** 美学の、景観に配慮した	**develop:** 〜を開発する
capture: 〜を得る、獲得する		**solar cell:** 太陽電池

太陽光エネルギーは私たちにとって最も身近な再生可能エネルギーの一つとなっている。1950年代に開発が始まった太陽光発電はクリーンなエネルギーと目されているが、ソーラーパネルを作ること自体や、古くなったそれらを廃棄することは環境に深刻なダメージを与えかねない。米カリフォルニア州に本拠を置く企業が新たな選択肢として、スマートウィンドウの技術を開発した。

CNN10 - February 6, 2020

CNN REPORTER | アメリカ英語

CNN記者 太陽電池パネルは再生可能エネルギーを得るための一般的な方法ですが、限界もあります。/ それらは多くのスペースと特別な設備を必要とし、景観上の難点もあります。/ ですが、このように見えるとしたらどうでしょう。そして、あなたの周りの窓がすべて太陽電池パネルとしての機能も兼ね備えたとしたら?

マイルス・バール（ユビキタスエナジー 創立者兼最高技術責任者） 私たちは不可視光だけを集めることによって、太陽電池を透明にする方法を開発しました。/ それを可能にする、これは唯一のテクノロジーです。

transparent: 透明な、透き通った
invisible light: 不可視光
technology: 科学技術
allow...to: …に〜することを許す

理解のポイント
①の前置詞句は後ろからa popular methodを修飾している。
②ではandによって動詞が並列されている。need...and have... という構造。
③のwhat if... は「もし…だったらどうなるか」と仮定を表す表現で、if節内では2つの文がandによって並列されている。
④ make + 目的語（solar cells）+ 補語（transparent）が前置詞の後ろに来たことで動名詞化された表現。

太陽電池ガラスを透明にする技術

CNN REPORTER: Ubiquitous Energy isn't the first to develop ⑤ solar glass. / Others have combined glass with solar cells that ⑥ are thinner and smaller, but they can have drawbacks like lower power efficiency and less transparency. / Ubiquitous took a different approach and developed a solar coating made from ⑦ organic dyes, designed to match the transparency of standard ⑧ windows.

太陽電池ガラスを透明にする新しい技術を開発したユビキタス社の最高技術責任者、マイルス・バール氏。

(be) the first to: 最初に〜する	**transparency:** 透明性、透明度	**(be) made from:** 〜で作られている
combine...with: …を〜と結びつける	**take a different approach:** 異なるアプローチをする	**organic dye:** 有機色素
thin: 薄い	**coating:** 層、コーティング	**(be) designed to:** 〜するように設計されている
power efficiency: 電力効率		

CNN記者 ユビキタスエナジー社は、太陽電池ガラスを開発した最初ではありません。／ ガラスを太陽電池と組み合わせて、より薄く、より小さくした人たちはほかにもいましたが、それらには電力効率が悪かったり、透明度が低かったりするなどの難点があり得ます。／ ユビキタス社は異なるアプローチをとり、一般的な窓に匹敵する、有機色素で作られた太陽電池のコーティングを開発しました。

有機色素のコーティングで透明な窓に。

match: 〜に匹敵する
standard: 一般的な、標準の

☑ ニュースのポイント

● 太陽光エネルギーは本当に環境に優しいのか？
● 透明な窓ガラスで太陽光発電ができるスマートウィンドウの技術が開発された。

👉 理解のポイント

⑤ to不定詞の形容詞的用法で、後ろからthe firstを修飾している。
⑥は主格の関係代名詞節で後ろからsolar cellsを修飾している。
⑦ made fromは過去分詞で後ろからa solar coatingを修飾している。
⑧ designedも過去分詞でto以下を伴って後ろからorganic dyesを修飾している。

BARR: Light absorbing dyes are found all around us. / What we've done is, we've engineered those dyes ⑨ to selectively absorb infrared light, and also convert that light into electricity.

CNN REPORTER: And that's key because infrared light is invisible to the human eye. / The result, the team says, is solar glass ⑩ that delivers the best combination of energy efficiency and transparency. /

For now, solar glass is still less efficient than traditional solar panels are, but its potential for wider use can make up for that.

紫外線を吸収する色素（左）。サンフランシスコで最も高いタワーなら、屋上の太陽光パネルの20倍の電力が得られる。

absorb: 〜を吸収する	**convert...into:** …を〜に変換する	**human eye:** 人間の目
dye: 色素、染料		**result:** 結果、結末
engineer: 〜を設計する、（遺伝子工学で）〜を操作する	**electricity:** 電気、電力	**deliver:** 〜を供給する、達成する
selectively: 選択的に	**key:** 重要な	**combination:** 組み合わせ
infrared light: 赤外線	**invisible:** 目に見えない、不可視の	

バール 光を吸収する色素は、私たちの周りの至るところにあります。／ 私たちがやったのは、それらの色素が赤外線を選択的に吸収して、さらにその光を電力に変換するように設計したことです。

CNN記者 そしてそれが重要なのは、赤外線が人間の目には見えないからです。／その結果できたのが、開発チームが言うところの、エネルギー効率性と透明度の最高の組み合わせを実現する太陽電池ガラスです。／

　今のところ、太陽電池ガラスはまだ、伝統的な太陽電池パネルよりも効率は劣るものの、より幅広い利用の可能性はそれを補うでしょう。

従来のソーラーパネルは広大な場所を必要とする。

for now: 今のところ
traditional: 伝統的な
potential: 将来性、可能性
make up for: 〜を補う、埋め合わせる

🚩 **Let's try to answer!**

Do you think these kinds of Solar Windows will become popular in the near future?

👉 **理解のポイント**
⑨は to 不定詞の副詞的用法で、and によって原形動詞の absorb と convert が並列されている。
⑩の that 以下は主格の関係代名詞節で、後ろから solar glass を修飾している。

News 10

News 11

The Outlook for Movie Theaters

"コロナ" 後の映画産業の行方

CNN 10

新作映画のデジタル配信で対立

natural slow
62 65

CNN REPORTER: ① With movie theaters across the country shuttered by the coronavirus pandemic, the "Trolls" are streaming into people's homes. /

The fight over "Trolls" has raised the question: Will we still go to the movies after the pandemic ends? / The "Trolls World Tour" digital release, ②on the same day it was expected at theaters, was a huge success domestically, ③bringing in nearly $100 million in rental fees within weeks.

---

outlook: 将来の展望、前途
movie theater: 映画館
across the country: 全国で
shutter: (店などが) 休業する
pandemic: 世界的流行病

troll: トロール　▶北欧神話の
巨人・小人。
stream into: 〜に流れ込む
fight: 戦い、争い
raise a question:
問題を提起する

digital release:
デジタル版の公開
expect:
〜を予期する、期待する
huge success: 大成功
domestically: 国内で

映画は家で時間を過ごす最高の娯楽だが、コロナウイルスの影響が過ぎ去った後、私たちは果たして映画館に戻ることを選ぶだろうか。今回のCOVID-19で映画館が軒並み閉まったことで、映画産業も少なからぬ影響を受けた。新作映画が自宅で観られるようにビデオ・オンデマンド配信され、大成功を収めたのだ。これまで守られてきた「劇場期間」が骨抜きにされたことで、配給会社と劇場の対立が深まっている。

CNN REPORTER | **アメリカ英語**

CNN記者 アメリカ中の映画館がコロナウイルスの世界的流行で休館する中、『トロールズ』が人々の家に流れ込んでいます。/

『トロールズ』をめぐる戦いはある問題を提起しました —— パンデミックが終息した後、私たちはまだ映画を観に行くでしょうか。/ 劇場公開予定日と同じ日に公開されたデジタル版『トロールズ ミュージック パワー』は国内で大成功を収め、数週間のうちに1億ドル近いレンタル料金をもたらしました。

bring in: (利益などを) もたらす
nearly: ほぼ、大体
million: 100万
rental fee: レンタル料金
within: 〜のうちに

> 👉 **理解のポイント**
> ①は〈with＋名詞＋状況を表す語句〉で「〜しながら、〜したままで」という意味の付帯状況を表している。
> ②ではthe same dayとit was expectedの間に関係副詞のwhenが省略されており、このwhen節(when it was expected at theaters)は後ろからthe same daysを修飾している。
> ③のbringingは現在分詞で、in以下を伴って後ろからa huge successを修飾している。

News 11

「劇場期間」をめぐる争い

Traditionally, studios and theater chains have agreed on a 75-day theatrical window before films go to digital. / COVID-19 has challenged that model. / As theaters around the world are closed, Universal put its films, already playing in theaters, on VOD within a matter of days. / That meant you could rent "The Invisible Man", or "The Hunt" from 19.99, weeks, not months, after opening day. / So, is this the future of the movies? / Not so fast.

The shortening, or foregoing, of the theatrical window has ruffled the feathers of theater owners. / AMC, for example, announced it would ban films made by Universal, after the success of "Trolls".

新型コロナウイルスの影響でデジタル版がすぐに配信された『トロールズ』は、映画業界のこれまでの常識を覆した。

traditionally: 伝統的に	での期間。	**VOD:** ビデオ・オンデマンド
studios:	**film:** 映画	(= video on demand)
映画撮影所、映画（製作）会社	**COVID-19:**	**a matter of:**
chain:（劇場などの）チェーン店	新型コロナウイルス感染症	(時間が) わずか～だけ
agree on: ～について合意する	**challenge:**	**opening day:**
theatrical window: 劇場期間	～に挑む、異議を唱える	(新作映画の) 封切日、公開日
▶劇場公開日からデジタル配信ま	**model:** 手本、模範	**future:** 未来、将来

映画会社や劇場チェーンは伝統的に、映画がデジタル配信される前に75日間の劇場期間を設けることで合意してきました。/ 新型コロナウイルスがこの手本に異議を唱えたのです。/ 世界中の劇場が休業しているため、ユニバーサル映画はすでに劇場で上映されていた同社の映画を、わずか数日でビデオ・オンデマンドにしました。/ これは『透明人間』や『The Hunt』を、封切日から数カ月でなく数週間で、19.99ドルからレンタルできることを意味しました。/ では、これが映画の未来なのでしょうか。/ 事はそれほど早くは進みません。/

劇場期間の短縮や上述したことは、映画館のオーナーたちを憤慨させました。/ 例えば、AMCは『トロールズ』の成功後、ユニバーサルが制作した映画を禁止すると発表しました。

AMCなどのシアターチェーンはこれに猛反発。

shortening: 短縮
the foregoing: 前述のこと
ruffle someone's feathers:
（人を）怒らせる
ban: 〜を禁止する

☑ **ニュースのポイント**
● 新型コロナウイルスの影響で、新作映画の封切りとデジタル配信のタイミングが問題となっている。
● デジタルの増加が見込まれる一方で、劇場の興行収入も必要とされている。

☛ **理解のポイント**
④のplayingは現在分詞で、下線部は後ろからfilmsを修飾している。

News 11

10 億ドルの興行収入は手放せない

It's likely that AMC and other chains would put up a big fight ⑤to keep the old model, once theaters are allowed to reopen. / And yes, studios still need movie theaters. / Why? / The big-budget blockbuster. /

The production and marketing budgets of big blockbusters often stretch into the 100's of millions of dollars. / Clearly, a lot of money could be made via digital, but studios are unlikely to give up the potential of a $1 billion haul at the box office.

コロナによる自粛期間中はドライブインシアターも人気に。

映画会社にとっては劇場も無視できない収入源だ。

(be) likely: 〜しそうである	**a big-budget blockbuster:** 多額の予算を投じた大ヒット映画	**clearly:** 明らかに、疑いもなく
put up a fight: （攻撃に対して）抵抗する	**production:** 製作	**via:** 〜によって
once: 〜するとすぐに	**marketing:** マーケティング	**(be) unlikely to:** 〜しそうにない
(be) allowed to: 〜することを許される	**budget:** 予算	**give up:** 〜を明け渡す、差し出す
	stretch: 及ぶ、達する	

AMCや他のチェーン店は、劇場が再開を許されればすぐに、古いやり方を維持するために抵抗しそうです。／ そして、そう、映画会社はまだ映画館を必要とします。／ なぜかって？／ 多額の予算を投じた大ヒット映画のためです。／

　大ヒット映画の製作とマーケティングの予算は多くの場合、数億ドルに達します。／ デジタルを通して多くの利益が得られることは疑いありませんが、10億ドルの興行収入の可能性を映画会社が手放すとは考えにくいのです。

10ドルに上る興行収入は大ヒット映画には不可欠。

potential: 可能性、見込み
billion: 10億
haul: （得た金の）金額、もうけ
box office: 興行収入

🚩 **Let's try to answer!**
Do you like to watch movies at the theater or at home? Why?

👉 **理解のポイント**
⑤は「〜するために」という目的を表す to 不定詞の副詞的用法。

News 11

Jungle Bubbles - A New Way to Watch Elephants

野生のゾウのそばで眠りにつける楽園

世界最大の陸生哺乳類と過ごす

AZUZ: From the snowy mountains of Europe to the humid jungles of Asia, we're taking you on a trip that lets people camp out with elephants. /

Here are the elephants. / Here's where travelers would be camping. / They're called "Jungle Bubbles". / They're air-conditioned pods with beds and showers, ①and they give you unbeatable views of the world's largest land mammals.

---

bubble: ドーム型の建物、泡	**trip:** 旅、旅行	**air-conditioned:** エアコンの効いた
elephant: ゾウ	**camp out:**	
snowy: 雪の、雪に覆われた	キャンプする、野宿する	**pod:** 流線型格納器、ポッド
humid:	**traveler:** 旅行者	**unbeatable:**
湿度の高い、湿気の多い		素晴らしい、とびきりの

タイ北部の5つ星ホテル「アナンタラ ゴールデン トライアングル エレファント キャンプ＆リゾート」に2019年12月、透明ドーム型の宿泊施設「ジャングル・バブル」が新設された。外には約60頭のゾウたちが保護されて暮らしている。安全で快適な空間にいながら、夜間も自然の中のゾウを観察できるというのがコンセプト。獣医師や生物学者が同伴してゾウと散歩するツアーなどもある。

CNN10 - February 21, 2020

AZUZ｜アメリカ英語

アズーズ　雪に覆われたヨーロッパの山々から湿度の高いアジアのジャングルへ、人がゾウと一緒に野宿することができる旅へとご案内しましょう。／

　ここにゾウたちがいます。／ ここが旅人がキャンプをする場所です。／ これらは「ジャングル・バブル」と呼ばれています。／ 空調の効いた流線型の建物はベッドとシャワーを備え、世界最大の陸生哺乳類のとびきりの眺めを提供してくれます。

---

view: 眺望、景色
a land mammal: 陸生哺乳動物

👉 **理解のポイント**
①のandによって文同士が並列されている。

News 12

劣悪な環境で働かされていたゾウも

natural 69　slow 72

　　These aren't just everyday pachyderms. / Some of the elephants have been rescued from working in harsh conditions, but they're spending a relaxing retirement in a sort of elephant resort ②that doubles as a human one too. /

　　The price to spend the night in a bubble starts at just over $560, and you'd be in a unique and scenic part of the world.

かつて劣悪な環境の下で働かされていたゾウたちが救出され、このリゾートで穏やかに暮らしている。

everyday: ありふれた、平凡な **pachyderm:** 厚皮動物 ▶ゾウ、 カバ、サイなどの動物。 **rescue:** 〜を救出する	**work in harsh condition:** 劣悪な環境の下で働く **relaxing:** 穏やかな、リラックスできる	**retirement:** 引退後の生活、第二の人生 **sort of:** 〜のようなもの **resort:** リゾート、行楽地

彼らはただのありふれた厚皮(こうひ)動物ではありません。/ この中には、劣悪な環境の下で働かされていたところを救出されたゾウもいますが、彼らはゾウのリゾートのような場所で穏やかな引退生活を過ごしており、そこは人間にとってのリゾートも兼ねています。/

　ドーム型の建物で一泊する費用は、たった560ドル余りからで、あなたは世界の唯一無二の風景の一部に入ることができます。

客室にいながら、周囲のゾウたちを観察できる。

double as: 〜として兼用になる
start at: 〜からある
unique: 唯一無二の、特有の
scenic: 眺めのよい、風光明媚な

ニュースのポイント
● タイ北部の自然の中に、ゾウを間近で観察できる透明ドーム型宿泊施設が誕生した。
● 救出され、保護されたゾウたちの環境改善が目指されている。

👉 理解のポイント
②は主格の関係代名詞thatに導かれる節で、後ろからelephant resortを修飾している。

「ゾウを幸せにする」取り組み

This is located in a place known as the "Golden Triangle" on the borders of Thailand, Laos, and Myanmar. / And while there's other stuff to do besides try to sleep with elephants nearby, the animals, and the efforts ③that go into making a better life for them, are the main attraction.

ここには通常のリゾートホテルもある。ジャングル・バブルは約22平方メートルとコンパクトながらバスルームも完備。

(be) located in:	Golden Triangle:	border: 国境（地帯）
〜に位置する、〜にある	黄金の三角地帯　▶ミャンマー・	while:
(be) known as:	タイ・ラオスの国境にまたがる山	〜だが、〜ではあるものの
〜として知られている	岳地帯。	stuff: 物事、事柄

　ここは「黄金の三角地帯」として知られている場所に位置し、タイとラオス、ミャンマーの国境地帯にあります。／ そして、近くにゾウがいる中で寝つこうとする以外にも、することはありますが、動物たちと彼らの生活をより良くするための努力が、ここの見どころです。

敷地内には60頭を超えるゾウたちがいる。

besides: 〜のほかに
effort: 尽力、努力
main attraction: 見どころ、目玉

🚩 **Let's try to answer!**

Would you like to stay at the Jungle Bubble, or would you rather stay at an ordinary hotel?

👉 **理解のポイント**
③は主格の関係代名詞thatに導かれる節で、後ろからthe effortsを修飾している。

News 12

ニュースを理解する ための英文法

今回のテーマ | **動詞の語法**

森勇作：全国各地の1部上場企業などで TOEIC 学習法の講演・指導を行っている。著書に『TOEIC® TEST 攻略の王道【リスニング編】』『TOEIC® TEST 攻略の王道【リーディング編】（朝日出版社）のほか、『Asahi WEEKLY』紙上でコラム「Weekly Pop Quiz 週刊英語クイズ」を連載中。多くの教育現場体験に基づいた説得力あふれる指導は、幅広い層から支持を集めている。

英語の文章を理解するには、文の構造を把握することが重要だと言われます。そのために必要なこととして、次の3点が挙げられます。

1. 文中のS＋Vを見つけること
2. 節や句の修飾関係を理解すること
3. 動詞の語法を習得すること

この中で今回は、動詞の語法に焦点を当てます。英文を読むだけでなく聞いて理解するには、知らない単語が入っていても、動詞の語法の知識を駆使して意味を推測する必要があります。

そこで、今回は「動詞の語法」に注目して、感覚的に意味を推測する方法を考えてみましょう。

1 ―「動詞の語法」の基礎

I asked him to attend the meeting.
S　V　　O　　to do
（私は彼にその会議に出席するよう頼んだ）

中学生の頃に学習した "ask + 人 + to do" ＝「人に〜するよう頼む」の形です。

これは、SVO + to do の文型です。ask に限らず、さまざまな動詞が直後に "O + to do" の形を取ることができます。

では、文の構造を確認するために、この例文の to attend（出席する）に注目してみましょう。I asked（私が頼んだ）時点では、彼はまだ会議に出席していません。つまり、この文において不定詞 to attend の表すものは、その時点で未完了の動作です。

したがって、ask を使ったこの文型 SVO + to do には、

「いまだに動作を起こしていない誰かの背中を押して何かをさせる」

というニュアンスが出ます。

ただし、全ての SVO + to do がこのニュアンスになるわけではありません。

I have a report to write.（書かなくてはならないレポートがある）

この文は SVO + to do の形をしていますが、前述したようなニュアンスは含まれていません。動詞に注目することが重要です。

2 ——「背中を押して何かをさせる」ニュアンスの動詞〈基礎編〉

では、ask 以外にはどのような動詞がこの形を作ることができるでしょうか。考え方は簡単です。次の文に当てはまる動詞を探してみましょう。

私は、彼に（が）もっと熱心に働くよう ＿＿＿＿＿ した。

I ＿＿＿＿＿ him to work harder.

例）頼んだ / asked

いかがでしょうか。「頼む」以外にも、「命令する」、「説得する」、「願う」などを思いついたかもしれませんね。これらの動詞は ask と同じように SVO + to do の文型を作り、背中を押して何かをさせるニュアンスを出すことができます。

〈例〉

I <u>ordered</u> him to work harder. (彼にもっと熱心に働くよう命じた)

I <u>persuaded</u> him to work harder. (彼にもっと熱心に働くよう説得した)

I <u>expect</u> him to work harder. (彼がもっと熱心に働くことを期待する)

このような動詞のうち、代表的なものを挙げておきます。

「背中を押して何かをさせる」ニュアンスを持つ動詞	
1. 強制する	force, pressure, compel, oblige
2. してもらう	get
3. 許可する	allow, permit
4. 命令する	order, command, tell
5. 説得する	persuade, advise, request
6. 促す、お願いする	urge, encourage, ask, invite
7. 願う	want, expect
8. その他	help, teach

すでにお気づきだと思いますが、同じ語法を作る動詞は、似通った意味を持っていますね。このような動詞を知っていれば、次の文（p.12）の意味が瞬時に推測できたでしょう。

President Trump, ..., **urged** the industry to come up with a

         S   V   O   to do

vaccine ASAP.

(トランプ大統領は、その産業にできるだけ早くワクチンを開発するよう促した)

本書にはurge以外にも、allowが複数回この形（allow O + to do）で使われています。確認してみましょう。（p.14, p.64, p.66）

3 ―「背中を押して何かをさせる」ニュアンスの動詞〈応用編〉

　知らない動詞であってもSVO + to doの文型から意味を推測できるようになるのが理想です。

　私が本書で最も難しいと感じたp.48の文をご覧ください。

That limits the infection and also alerts white blood cells to come in, attack, and eliminate the virus.

　この文の動詞はlimits（限定する）とandの直後のalerts（警告する）です。ここでは、alertに注目します。alert以降には、目的語white blood cells（白血球）とその後ろにto doの形が3つ並んでいます。ここでalert（警告する）という意味に囚われると、文の構造を見失ってしまいます。SVO + to doの文型に注目して、次のように考えると、alertの訳語は思いつかなくても、この文の意味を推測できます。

<u>That</u> <u>alerts</u> <u>white blood cells</u> <u>to come in</u>, <u>(to) attack</u>, and <u>(to)</u>
　S　　V　　　　　O　　　　　　to do　　　　　to do　　　　　　to do
<u>eliminate the virus</u>.

　　主語（That）が、白血球の背中を押して次のことをさせる。

to come in （参画する、参加する）
to attack the virus （ウィルスを攻撃する）
to eliminate the virus （ウィルスを排除する）

　よって、この文におけるalertの意味は、「（白血球が参加して、ウィルスを攻撃し、ウィルスを排除するよう）合図を送る」と推測することができます。

　このように考えると、一見意味が分かりにくい文も推測することが可能となります。

News 01 The Race to Develop a Coronavirus Vaccine

How do you feel about the new coronavirus?
(新型コロナウイルスについてどう感じますか)

キーワード **turn...upside down**（…をひっくり返す） **(be) stuck at home**（家にこもる）
hard times（つらい時期）

💡 The coronavirus has turned our lives upside down. Although I haven't been as badly affected as some people, I've been stuck at home for several months now. I also really worry about the economic situation. Several people I know have lost their jobs. I hope the Japanese government will continue to support people through these hard times.

（コロナウイルスは私たちの生活を一変させました。私は一部の人たちほどひどい影響は受けていませんが、もう数カ月家にこもっています。経済状況についても、とても心配です。私が知っている何人かは仕事を失いました。この厳しい時期の間、日本政府が人々を支え続けることを望みます）

キーワード **take...for granted**（…を当然と考える）

💡 The new coronavirus situation has taught me how many things I used to take for granted. For example, going out to eat with friends, going to the movies, traveling abroad on vacation, even going to work on the train! I hope the scientists find a vaccine, and that life will return to normal soon.

（今回の新型コロナウイルスの状況によって、私がいかに多くの物事を当然と考えていたかを思い知らされました。例えば、友達と食事に行く、映画を観に行く、海外旅行に行く、それから電車で通勤する、といったことまで！ 科学者たちがワクチンを開発し、早く普通の生活に戻れることを願っています）

News 02　Companies Rally to Meet the Demand for Masks

Which do you prefer – a manufactured mask or a handmade mask?
（市販のマスクと手作りマスク、どちらがいいですか）

> キーワード　**disposable**（使い捨ての）　**effective**（効果がある）　**expensive**（高くつく）

👊 I usually use a disposable manufactured mask. Manufactured masks are made to strict standards and patterns, so I feel they are more effective against viruses. They also tend to fit better over my nose and face. Although they are more expensive, I feel safer wearing a manufactured mask.

（私は通常、使い捨ての市販のマスクを使います。市販のマスクは厳しい基準と型で作られているので、ウイルスに対してより効果があるように感じます。また、どちらかといえば市販マスクの方が私の鼻と顔にぴったりフィットします。高くつくものの、市販マスクをつける方が安心します）

> キーワード　**single-use**（使い捨ての）　**dispose of**（〜を捨てる）
> **marine animal**（海洋動物）　**(be) tangled up**（絡んで、もつれて）

👊 I used to use single-use manufactured masks, but recently I changed to handmade. If people don't dispose of single-use masks carefully, they can end up in the oceans. Many marine animals have already died after getting tangled up in them. Handmade masks are also more fun because you can choose the material and design yourself.

（以前は使い捨ての市販のマスクを使っていましたが、最近は手作りのに変えました。使い捨てのマスクは人間が気をつけて捨てないと、海に行き着いてしまう可能性があります。すでに多くの海洋生物がそれらに絡まって命を落としています。また、手作りマスクの方が生地を選んで自分でデザインできるので、楽しいです）

Tokyo Olympics 2020 to Be Postponed

Do you think the 2020 Summer Olympics Games will really be held in 2021? Why?

（東京2020オリンピックは、本当に2021年に開催されると思いますか。その理由は?）

キーワード	optimistic（楽観的な） **take place**（行われる） **outbreak**（大流行）
	under control（収拾して） **cure**（治療法）

👍 I'm optimistic that the Tokyo Olympics will take place in 2021. The coronavirus outbreak is already under control in many countries, and scientists are near to finding a cure. Even if the full games can't be held, I hope some of the events can still take place.

（私は東京オリンピックが2021年に開催されることについて楽観的です。多くの国でコロナウイルスの大流行はすでに抑えられており、科学者は近いうちに治療法を見つけるでしょう。もし全ての試合が行えなかったとしても、一部のイベントが開催されることを期待しています）

キーワード	**to be honest**（正直に言うと） **doubt**（〜とは思えない） **go ahead**（先へ進む）
	in time（間に合って）

👎 To be honest, I very much doubt that the Olympics will be held next summer. In order for the Olympics to go ahead safely, we first need an effective coronavirus vaccine. Although scientists all over the world are working hard to create a vaccine, it is doubtful that one will be found in time.

（正直に言って、来年の夏にオリンピックが開催されるとはとても思えません。オリンピックを安全に進めるためには、まず私たちには効き目のあるコロナウイルスのワクチンが必要です。世界中の科学者たちがワクチンを作るために頑張っているものの、間に合うように開発されるとは思えません）

News 04　A Step Towards Space Tourism

Would you like to go on a space trip? Why?

（宇宙旅行に行ってみたいですか。その理由は？）

キーワード　**amazing**（素晴らしい）　**planet Earth**（惑星地球）　**weightlessness**（無重力）

👍 I have wanted to go on a space trip ever since I was a small child. It must be an amazing experience to look out of the window and see planet Earth below. I'd also like to experience weightlessness. I'm excited to hear that space tourism will soon be a reality.

（私は幼い子供の頃からずっと、宇宙旅行に行きたいと思っていました。窓から地球という惑星を見下ろすのは、素晴らしい体験でしょう。また、無重力状態も体験してみたいです。宇宙観光がもうすぐ現実になると聞いてワクワクしています）

キーワード　**idea**（考え、アイデア）　**suffer from**（〜に悩まされる）
　　　　　　travel sickness（乗り物酔い）　**airsick**（飛行機に酔った）

👎 Although I like the idea of space travel, I think I would be too scared to go on a space trip. I hate traveling at high speeds, and I can't even go on a roller coaster! I also suffer from travel sickness and get airsick every time I go on a plane!

（宇宙の旅というアイデアは好きですが、怖くて宇宙旅行には行けそうにありません。私は高速で移動するのが大嫌いで、ジェットコースターにも乗れないほどです！　また、乗り物酔いもするので、飛行機に乗るたびに酔ってしまいます）

"Retail Apocalypse?" or "Retail Evolution?"

Do you prefer to do shopping online or at a physical store? Why?

（オンラインか実店舗、買い物をするのはどちらがいいですか）

キーワード **prefer**（〜の方を好む） **save**（〜を省く、節約する） **groceries**（食料雑貨類）

I prefer shopping online. I'm very busy every day, and it saves me a lot of time because I can shop anywhere, even when I'm on the train. It also saves me money as I can easily compare prices on different sites. I shop online for everything, including groceries!

（オンラインで買い物をする方が好きです。私は毎日とても忙しく、オンラインならどこでも、たとえ電車に乗っていても買い物ができるので、時間をずいぶんと節約できます。また、異なるサイトで簡単に値段を比較できるため、お金の節約にもなります。私は食料雑貨類も含めて、何でもオンラインで買います）

キーワード **a bad experience**（苦い経験） **terrible**（ひどく悪い） **these days**（近頃は）

I have had a lot of bad experiences with shopping online. Several times an item I ordered looked good on the shopping site, but when I received it, the quality was terrible. These days I prefer to buy items from physical stores, so I can check them before I pay for them.

（オンラインでの買い物では、苦い経験をたくさんしてきました。何度か、注文した品物が通販サイトでは良く見えたのに、受け取ってみたら品質がひどかったことがありました。近頃は代金を支払う前に確認できるよう、実店舗で商品を買う方が好きです）

News 06　The U.S. Presidential Election

Which candidate do you think will win the 2020 Presidential Election? Why?

（どちらの候補者が 2020 年の大統領選挙に勝利すると思いますか。その理由は？）

> **キーワード**　doubt（〜とは思えない）　behind（〜に負けて）　criticism（批判）
> handle（〜に対処する）

✊ I doubt that Donald Trump will win the next election. At present, he is very behind in most opinion polls. He has faced a lot of criticism recently, over his handling of both the COVID-19 pandemic, and the Black Lives Matter issue. I think the next president will be Joe Biden.

（ドナルド・トランプが次の選挙に勝てるとは思えません。現在のところ、彼はほとんどの世論調査でかなり劣勢です。彼は最近、多くの批判に直面してきました。新型コロナウイルスの大流行、そして「黒人の命は大切だ」の両方への対応をめぐって。私は次の大統領はジョー・バイデンになると思います）

> **キーワード**　expert（専門家）　due to（〜が原因で）　target（〜を狙う）

✊ I'm not an expert on American politics, but I think there is a chance that Donald Trump might win again. Due to the coronavirus pandemic, campaigning for this election will mainly take place online. In the past, Donald Trump's campaign has been very good at targeting voters online, using social media.

（私はアメリカ政治の専門家ではありませんが、ドナルド・トランプが再び勝利するチャンスはあるかもしれないと思います。コロナウイルスの大流行のせいで、今回の選挙運動は主にオンラインで行われます。過去にドナルド・トランプの選挙運動は、有権者をターゲットに実にうまくソーシャルメディアを使いました）

The Role of Antibodies

Do you think the Japanese Government should encourage people to have antibody tests?

（日本政府は国民に抗体検査を受けるよう促すべきだと思いますか）

キーワード　**encourage**（〜するように奨励する）　**immune**（免疫がある）
prevent（〜を防ぐ）

👍 I think antibody tests are a good idea. By testing people, we can find out how many people have already had COVID-19 and might be immune. The data would also help researchers understand how dangerous the disease is and how to prevent further outbreaks.

（抗体検査はいい考えだと思います。人々を検査することで、すでに新型コロナウイルスに感染したことがあり、免疫があるかもしれない人が何人いるかが分かります。また、そのデータは研究者がこの病気がいかに危険であるかや、さらなる流行を食い止める方法を理解するのも助けてくれるでしょう）

キーワード　**at this point**（現時点では）　**resources**（資源）　**guarantee**（〜を保証する）
test（検査で結果が出る）

👎 At this point, I'm not sure testing everyone for COVID-19 antibodies is a good use of resources. First, no one knows if testing positive guarantees immunity. Second, many people who have recently become infected may test negative because they haven't built up antibodies yet.

（現時点では、全員に新型コロナウイルスの抗体検査をするのが資源の有効な利用法か、確信が持てません。第1に、検査で陽性と出れば免疫が保証されるのか、誰にも分かりません。第2に、最近感染した人の多くは、まだ抗体ができていないために検査で陰性と出る可能性があります）

News 08　Changes in the Workplace

Would you prefer to work from home, or in a socially distanced office? Why?

（在宅勤務とソーシャルディスタンスを取ったオフィス、あなたはどちらで働きたいですか。その理由は？）

キーワード　**get used to**（〜に慣れる）　**commute**（通勤する）　**fare**（運賃）

✊ I have been working from home for a few months now. At first, it was difficult to get used to, but now I love it! I have more time to spend with my family because I don't have to waste time commuting. I've also saved a lot of money on fares and eating out.

（これでもう数カ月間、在宅で仕事をしています。最初は慣れるのに苦労しましたが、今ではとても気に入っています！　通勤で時間を無駄にしなくて済むので、家族と過ごす時間が増えました。また、交通費や外食などのお金もかなり節約できました）

キーワード　**measures**（方法）　**challenging**（難しい）　**distraction**（気を散らすもの）

✊ I prefer working in a socially distanced office, to working from home. Even with social distancing measures, I think it is easier to communicate with colleagues when you are in the same place. Also, I find it challenging to get much work done at home as there are too many distractions!

（私は在宅で仕事をするよりも、社会的距離を取ったオフィスで働く方を選びます。社会的距離を取る方策を取っても、同じ場所にいる方が同僚とコミュニケーションを取るのが楽だと思います。また、家では気を散らすものが多すぎて、仕事を多くこなすのは難しいと感じます）

News 09 ## What Is a Pandemic?

What do you think people can do in order to prevent a pandemic?
（パンデミックを防ぐために私たちに何ができると思いますか）

キーワード	**originate in**（〜に由来する）　**breeding ground**（培養地、温床） **significantly**（かなり）

🗨 One thing we could do is to change the way we eat. COVID-19 originated in a live animal market. Animal markets and other facilities, such as factory farms, are breeding grounds for disease. By closing these dangerous places down, and starting to eat plant-based diets, we could significantly reduce the risk of a future pandemic.

（私たちにできることのひとつが、食べ方を変えることです。新型コロナウイルスは、動物市場に由来します。動物市場や工場式畜産場などの施設は、病気の温床です。これらの危険な場所を閉鎖し、植物由来の食事をとり始めることで、将来のパンデミックのリスクをかなり減らせます）

News 10　Solar Windows to Change the Way Buildings May Be Powered

Do you think these kinds of Solar Windows will become popular in the near future?
（近い将来、このような太陽光発電窓は普及すると思いますか）

キーワード　**appearance**（外観）　**high-rise**（高層の）　**generate**（〜を作り出す）

👍 The good thing about these solar windows is that they don't change the appearance of a building. Although most people like the idea of solar energy, not everyone wants to have giant solar panels on their roof! Also, a lot of high-rise buildings these days have a lot of glass surfaces. Why not use these surfaces to generate clean energy?

（これらのソーラーウィンドウの良い点は、ビルの外観を変えないところです。ほとんどの人が太陽光発電という考えを好みますが、誰もが自宅の屋根に巨大なソーラーパネルを欲しいわけではありません！ また、最近は高層ビルの多くが広いガラスの面積を有しています。この表面を使ってクリーンなエネルギーを作り出してもよいのではないでしょうか）

キーワード　**installation**（設置）　**saving**（節約）　**toxic**（有毒な）

👎 I think it will still take time before these windows become popular. At present, the price of the installation seems to be higher than any savings on electricity. Also, we need to consider safety. I read that solar panels contain toxic materials. Before we put solar windows on buildings, we need to consider how to dispose of them when they break or become out-dated.

（これらの窓が普及するにはまだ時間がかかると思います。現時点ではその設置費用はどんな節電よりも高いように思えます。また、私たちは安全性も考慮する必要があります。私はソーラーパネルには有毒な素材が含まれていると理解しています。ビルにソーラーウィンドウを設置する前に、それらが壊れたり古くなったりした時にどのように廃棄するか検討しなければなりません）

News 11 **The Outlook for Movie Theaters**

Do you like to watch movies at the theater or at home? Why?

（映画館と家、どちらで映画を観たいですか。その理由は？）

キーワード　**fantastic**（素晴らしい）　**comfortable**（心地よい）　**focus**（〜に集中する）

💡 I prefer watching movies in movie theaters. Modern movie theaters are very well designed with big screens and fantastic sound systems. They also have comfortable seats with holders for drinks and popcorn! It's much easier to focus on the movie, and it's much more of an experience than watching a movie at home.

（私は映画館で映画を観る方が好きです。現代の映画館はとても良く設計されており、大画面と素晴らしい音響システムを備えています。それに、座り心地のいい椅子にドリンクやポップコーンのホルダーまであります！　はるかに映画に集中しやすく、家で映画を観るよりもずっと大きな体験です）

キーワード　**cheap**（値段が安い）　**bathroom**（トイレ）　**advantage**（長所）

💡 I prefer watching movies at home. It is not only cheaper but also more relaxing. You can sit on your sofa, eat what you like, and pause the film if you want to get a drink or go to the bathroom. Another advantage is that you can stop the movie and choose another one if you don't like it!

（私は家で映画を観る方が好きです。安いだけでなく、もっとゆっくりできます。自分のソファーに座り、好きなものを食べられますし、飲み物を取りに行ったりトイレに行きたいときには、映画を一時停止できます。もうひとつの利点は、もし映画が気に入らなかった場合には止めて別のを選べることです！）

News 12　Jungle Bubbles – A New Way to Watch Elephants

Would you like to stay at the Jungle Bubble, or would you rather stay at an ordinary hotel?

（ジャングル・バブルに滞在したいですか、それとも普通のホテルの方がいいですか）

キーワード　**observe**（〜を観察する）　**disturb**（〜を邪魔する）　**definitely**（間違いなく）

👍 I think these bubbles are a great idea. I love elephants, but I hate to see them in zoos. From inside a bubble, you can observe elephants without disturbing them. If I had a lot of money, I would definitely like to stay in one of these Jungle Bubbles.

（このバブルは素晴らしいアイデアだと思います。私はゾウが大好きですが、動物園で見るのは嫌いです。バブルの中からは、ゾウたちを邪魔せずに彼らを観察することができます。お金がたくさんあったら、間違いなくこれらのジャングル・バブルのひとつに泊まりたいです）

キーワード　**claustrophobic**（閉所恐怖症を引き起こす）　**stand**（〜に耐える）
　　　　　　let alone（〜はもちろん）　**ethical**（道徳的な）　**enclosure**（囲い）

👎 No thanks! Those bubbles look very small and claustrophobic to me. I don't think I'd be able to stand an hour in one, let alone all night! Also, I'm not sure how ethical this is, as the elephants still seem to be in an enclosure. I think I would prefer to stay in a regular hotel.

（結構です！　私にはあのバブルはとても小さく、閉所恐怖症を引き起こしそうに見えます。あの中では、一晩は言うまでもなく、1時間も耐えられそうにありません。また、これがどれほど道徳的なのかも確信が持てません。それでもやはり、ゾウたちは囲いの中にいるように見えるからです。私は普通のホテルに滞在する方がいいと思います）

重要ボキャブラリー

ニュースで取り上げた重要ボキャブラリーをまとめてあります。訳語の後ろの数字は、その語いが出てくるニュースの番号を示しています（例：N01=News 01）。これらを覚えるだけでも、英語ニュースの理解に必要な語いを増やすことができます。

A

☐ **absorb:** 〜を吸収する　N10

☐ **advantage:** 強み、長所　N05

☐ **advertising:** 広告、宣伝　N03

☐ **aesthetic:** 美学の、景観に配慮した　N10

☐ **affect:** 〜に影響を与える　N06

☐ **alert:** 〜に警告する　N07

☐ **allow...to:** …に〜することを許す　N01, N09, N10

☐ **alone:** 単独の、唯一の　N04

☐ **antibody:** 抗体、免疫体　N07

☐ **app:** アプリ（=application program）　N08

☐ **approve:** 〜を承認する　N04

☐ **assume:** 〜と見なす、決めてかかる　N05

☐ **astronomical:** 天文学的な　N03

☐ **attach:** 付着する　N01

☐ **attack:** 〜を攻撃する　N07

☐ **attire:** 装い、衣装　N02

B

☐ **back and forth:** 往復して　N04

☐ **ballot:** 投票用紙、候補者名簿　N06

☐ **ban:** 〜を禁止する　N11

☐ **billion:** 10 億　N04, N11

☐ **bloodbath:** 大不況　N03

☐ **border:** 国境（地帯）　N12

☐ **brace for:** 〜に備える　N03

☐ **brick-and-mortar store:** 実店舗、リアルショップ　N05

☐ **budget:** 予算　N11

C

☐ **cancellation:** キャンセル、中止　N03

☐ **capture:** 〜を得る、獲得する　N10

☐ **case:** 症例　N01

☐ **cell:** 細胞　N01

☐ **certification:** 認可　N01

☐ **challenge:** 課題、挑戦；〜に挑む、異議を唱える　N08, N09, N11

☐ **circulate:** 広まる　N09

☐ **clearly:** 明らかに、疑いもなく　N11

☐ **closure:** 閉店、休業　N05

☐ **collaborate:** 協力する、協調して取り組む　N08

☐ **combination:** 組み合わせ　N10

☐ **commercial:** 商業の、商売の　N04

☐ **compensation:** 補償金　N03

☐ **complementary:** （お互いに）補完する　N05

☐ **conflict:** 対立、衝突　N03

☐ **consumerism:** 大量消費主義　N05

☐ **convenience:** 利便性、便利さ　N05

☐ **corporate:** 法人の、企業の　N08

☐ **countless:** 数え切れないほどの　N01

☐ **crisis:** 危機　N03

☐ **critical:** 重要な意味を持つ　N08

☐ **customer:** 顧客　N03, N04, N05

D

☐ **daunting:** ひるませる、おじけづかせる　N04

☐ **deadly:** 致命的な、致死の　N07

☐ **decade:** 10 年　N08, N09

☐ **delay:** 〜を遅らせる、延ばす　N03

☐ **deliver:** 〜を供給する、達成する　N10

☐ **demand:** 要求、需要（量）　N02

☐ **determine:** 〜を決定する　N06

☐ **develop:** 〜を開発する　N01, N10

☐ **domestically:** 国内で　N11

☐ **dominate:** 〜を支配する　N04

☐ **double:** （別の機能を）兼ねる　N10, N12

☐ **dozen:** 12 個、ダース　N03

☐ **drastically:** 大幅に　N03

☐ **drawback:** 難点、欠点　N10

☐ **dub:** …を〜と呼ぶ　N08

E

☐ **eerie:** 不気味な　N08

☐ **effect:** 影響　N01

☐ **efficient:** 効率的な　N09

☐ **effort:** 尽力、努力　N02, N12

□ **eliminate:** 〜を排除する　N07

□ **encounter:** 〜に遭遇する；遭遇　N07

□ **engineer:** 〜を設計する、（遺伝子工学で）〜を操作する　N10

□ **entrepreneur:** 企業家、起業家　N04

□ **epidemic:** 流行病、伝染病　N09

□ **era:** 時期、時代　N06

□ **everyday:** ありふれた、平凡な　N12

□ **evolution:** 進化　N05

□ **evolve:** （徐々に）発展する、進化する　N05, N08

□ **exactly:** 完全に　N08

□ **expect:** 〜を予期する、期待する　N11

□ **expedite:** 〜を迅速に処理する　N05

FGH

□ **face-to-face:** 向かい合った、対面の　N08

□ **facility:** 施設、設備　N04

□ **fear:** 〜を心配する、懸念する　N05

□ **fee:** 料金　N03

□ **field:** 分野、領域　N04, N06

□ **finalize:** （計画などを）仕上げる　N08

□ **formally:** 正式に、公式に　N06

□ **future:** 未来、将来　N04, N11

□ **gather:** 寄せ集まる、集合する　N06

□ **generally:** 一般に、通常　N07

□ **governor:** （米）州知事　N02, N06

□ **habit:** 習慣　N05

□ **halt:** 〜を停止させる　N02

□ **handle:** 〜に対処する　N03

□ **handy:** 便利な、役に立つ　N02

□ **haul:** （得た金の）金額、もうけ　N11

□ **hub:** 中心、拠点　N08

□ **huge:** 莫大な　N03

□ **humid:** 湿度の高い、湿気の多い　N12

□ **hybrid:** 混成、ハイブリッド　N05

I

□ **illness:** 病気　N01

□ **immune system:** 免疫系　N07

□ **immunity:** （病気に対する）免疫　N07

□ **incredible:** 驚くべき、途方もない　N02

□ **incumbent:** 現職の　N06

□ **industry:** 産業界　N01

□ **infancy:** （計画などの）初期段階、幼年期　N04

□ **infect:** （ウイルスなどを）〜に感染させる　N09

□ **infection:** 感染（症）　N07, N09

□ **inject:** 〜を投入する　N04

□ **innovate:** 革新する　N04

□ **installation:** 装置、設備　N10

□ **institute:** 協会、機関　N01

□ **invisible:** 目に見えない、不可視の　N10

JKL

□ **jump:** 急増する　N01

□ **key:** 重要な　N10

□ **kick into overdrive:** （活動などの一時的な）過熱状態になる　N02

□ **lab:** 研究所（=laboratory）　N01

□ **landlord:** 地主、経営者　N08

□ **launch:** 始める、乗り出す　N04

□ **limit:** 〜を制限する　N07

□ **limitation:** 限界、欠点　N10

□ **localized:** 特定の場所に制限される　N09

MNO

□ **maintenance:** 維持管理　N03

□ **mandatory:** 義務的な、必須の　N02, N08

□ **manufacturer:** 製造業者　N02

□ **mark:** 〜を示す、記録する　N05

□ **match:** 〜に匹敵する　N10

□ **meet:** （要求などを）満たす　N02

□ **million:** 100万　N11

□ **model:** 模範、様式　N08, N11

□ **multinational:** 多国籍企業　N02

□ **multiple:** 多数の　N09

□ **mutate:** 突然変異する、変化する　N07

□ **narrative:** 語り口　N05

□ **neighborhood:** 地区、地域　N03

□ **nominate:** 〜を指名する　N06

□ **novel:** 新しい種類の、新型の　N01, N09

□ **numerous:** 多数の、非常に多くの　N06

□ **once:** 〜するとすぐに、いったん〜すれば；かつて、以前　N04, N05, N06, N11

□ **organizer:** 主催者、組織者　N03, N06

□ **originally:** もともと、本来は　N06

□ **otherwise:** そうでなければ　N02

□ **outbreak:** 流行、発生　N09

□ **outlook:** 将来の展望、前途　N11

P

- □ **pandemic:** 世界的流行病　N09, N11
- □ **particular:** 注目すべき、各自の　N08
- □ **physical store:** 実店舗　N05
- □ **point-to-point:** 2 地点間の　N04
- □ **political:** 政治に関する　N06
- □ **postpone:** 〜を延期する　N03, N06
- □ **potential:** 可能性、見込み　N10, N11
- □ **power:** 〜に電力を供給する　N10
- □ **pressure:** 圧力、重圧　N01
- □ **prevent:** 〜を防ぐ、阻止する　N01, N07
- □ **previous:** 以前の、前の　N05, N07
- □ **principle:** 原則、指針　N08
- □ **process:** 過程、方法　N07, N09
- □ **produce:** 〜を作り出す　N07
- □ **protein:** タンパク質　N01, N07
- □ **purchase:** 〜を購入する　N03

QR

- □ **qualifier:** 予選通過者　N03
- □ **rally:** 結集する　N02
- □ **re-evaluate:** 〜を見直す、再評価する　N08
- □ **real estate:** 不動産　N08
- □ **relaxing:** 穏やかな、リラックスできる　N12
- □ **renewable energy:** 再生可能エネルギー　N10
- □ **repeatedly:** 繰り返して、何度も　N07
- □ **report:** 〜を報告する　N07
- □ **representative:** (米) 下院議員　N06
- □ **resemble:** 〜に似ている　N01
- □ **resolve:** 〜を解決する　N03
- □ **retail:** 小売　N05
- □ **retirement:** 引退後の生活、第二の人生　N12
- □ **role:** 役割、役目　N07
- □ **roughly:** おおよそ、大体　N05
- □ **run:** 〜を運営する、経営する　N08

S

- □ **scenic:** 眺めのよい、風光明媚な　N12
- □ **selectively:** 選択的に　N10
- □ **senator:** (米) 上院議員　N06
- □ **setback:** 失敗、挫折　N04
- □ **shortening:** 短縮　N11
- □ **shrink:** 減る、縮小する　N05

- □ **shutter:** 〜のシャッターを閉める、(店などが) 休業する　N02, N11
- □ **shuttle:** 〜を往復便で輸送する　N04
- □ **similarity:** 類似点　N08
- □ **simply:** 単に、全然　N02, N09
- □ **solar:** 太陽光線を利用した　N10
- □ **space tourism:** 宇宙観光旅行　N04
- □ **stagger:** 〜を調整する　N08
- □ **stretch:** 及ぶ、達する　N11
- □ **supply:** 供給 (量)　N02

TU

- □ **task:** 任務、仕事　N02
- □ **technology:** 科学技術　N10
- □ **threat:** 脅威　N08
- □ **touchless:** 触らない　N08
- □ **transmit:** 伝染する　N09
- □ **transparent:** 透明な、透き通った　N10
- □ **trick:** 技、秘訣　N08
- □ **ubiquitous:** いたる所に存在する　N10
- □ **ultimate:** 究極の、最終的な　N08
- □ **unbeatable:** 素晴らしい、とびきりの　N12
- □ **urge:** (人に〜するよう強く) 要請する　N01
- □ **urgency:** 緊急 (性)　N01

VW

- □ **vaccine:** ワクチン　N01
- □ **venue:** 会場、開催地　N03
- □ **via:** 〜によって　N11
- □ **vibrant:** 活気のある　N05
- □ **virtual:** バーチャルな、ネットワーク上の　N06
- □ **virus:** ウイルス　N07, N08, N09
- □ **while:** 〜とはいえ、〜ではあるものの　N05, N07, N12
- □ **workplace:** 職場、仕事場　N08

オンラインサービス登録

下記のURLから（検索せずに、アドレスバーにURLを直接入力してください）、またはQRコードを読み取って、オンラインサービスの登録を行ってください。

https://www.asahipress.com/cnn10/naf20pe/

【注意】本書初版第1刷の刊行日（2020年8月5日）より1年を経過した後は、告知なしに上記申請サイトを削除したりデータの配布や映像視聴サービスをとりやめたりする場合があります。あらかじめご了承ください。

［CD& オンラインサービス付き］
初級者からのニュース・リスニング
CNN Student News 2020［夏秋］

CNN 10

2020年8月5日　初版第1刷発行

編集	『CNN English Express』編集部
発行者	原 雅久
発行所	株式会社 朝日出版社
	〒101-0065　東京都千代田区西神田 3-3-5
	TEL: 03-3263-3321　FAX: 03-5226-9599
	https://www.asahipress.com/
印刷・製本	図書印刷株式会社
DTP	株式会社メディアアート
英文校閲	Nadia McKechnie
音声編集	ELEC（一般財団法人 英語教育協議会）
ブックデザイン	阿部太一 デザイン